CELIA NENTWIG

WILDPFLANZEN
Mein Superfood

ERKENNEN, SAMMELN, ZUBEREITEN UND GENIESSEN

70
Erfolgsrezepte mit essbaren Pflanzen aus Wald und Wiese

BLOOM'S

IMPRESSUM

HERAUSGEBER

BLOOM's GmbH, Ratingen (D)

blooms.de

IDEE UND KONZEPTION

Hella Henckel, Celia Nentwig

REDAKTION UND TEXT

Hella Henckel

REZEPTE UND KOCHEN

Celia Nentwig

GRAFIKDESIGN

Marion Hennig, Britta Baschen

DTP

Britta Baschen

DRUCK

Firmengruppe APPL, aprinta Druck, Wemding (D)

FOTOS

Celia Nentwig, Michael Nentwig, Marion Weinberg

002: Sprosse1952/pixelio.de (1)
004: PublicDomainPictures/pixabay.com (1)
036: Logga Wiggler/pixabay.com (1), anncapictures/pixabay.com (1), Hans Linde/pixabay.com (1)
037: Maria Lanznaster/pixelio.de (1)
060: PublicDomainPictures/pixabay.com (1)
061: Sprosse1952/pixelio.de (1)
072: photosforyou/pixabay.com (1)
084: tom-dooley/pixelio.de (1), uschi dreiucker/pixelio.de (1), Susanne Schmich/pixelio.de (1)
100: Capri23auto/pixabay.com (2), Christa Eder/Fotolia.com (1)
102: Joujou/pixelio.de (1)
132: knipseline/pixelio.de (1)
158: Maria Lanznaster/pixelio.de (1)

Halskestraße 46
D-40880 Ratingen
T +49 2102 9644-0
F +49 2102 896073
info@blooms.de
blooms.de

1. Auflage 2021

ISBN 978-3-96563-063-5

INHALT

AUS DER NATUR AUF DEN TISCH

Gibt es etwas Schöneres als die Natur zu genießen – und das mit allen Sinnen? Natürlich ist der Geschmackssinn ausdrücklich mit einbezogen. Denn das ist nicht zuletzt der Grund des vorliegenden und neu überarbeiteten Buches! Die Vorgänger sind allesamt ausverkauft, aber die Nachfrage nach meinen Erfolgsrezepten ist weiterhin enorm groß!

Allen meinen Fans, Buch-Leserinnen und -Lesern, Freundinnen und Freunden meiner Wildpflanzen-Genussküche sowie den Teilnehmern an meinen Kräuterwanderungen und Kochkursen ist eins gemeinsam: Wir lieben das Sammeln der essbaren Pflanzen in der freien Natur und das anschließende Zubereiten der gesunden Köstlichkeiten.

Und damit bin ich bei dem Begriff „Superfood“! Die hiesigen Wildpflanzen sind unser heimisches Superfood. Schauen wir genau hin, entdecken wir bei ihnen eine große Vielzahl an Inhalts- und Ballaststoffen, die unsere Gesundheit und unser Wohlbefinden fördern. Mit dieser hier verfügbaren Power ernähren wir uns gesund und verantwortungsbewusst – da brauchen wir keine Goji-Beeren aus China oder Moringa aus Indien. Damit tun wir nicht nur Gutes für unseren Körper sondern auch für die Umwelt. Kann es etwas Schöneres geben?

Mit diesem neuen Werk, das meine beliebtesten und damit erfolgreichsten Rezepte zusammenfasst, freue ich mich, Euch wieder beglücken zu dürfen. Alle meine neuesten Erfahrungen und Erkenntnisse sind hier eingeflossen, ich habe alle Rezepturen überprüft und wo es notwendig wurde, verbessert. Somit gilt nach wie vor: Alle Rezepte sind mehrfach erprobt, leicht nachkochbar und vor allem: Sie sind wirklich lecker! Auch Ungeübte kommen damit schnell zu Erfolgserlebnissen.

Nun wünsche ich viel Freude und gutes Gelingen
mit dem Superfood „Wildpflanzen“!

Celia Nentwig

Unsere Bitte zum nachhaltigen Sammeln: Sammelt immer nur so viel, wie Ihr für den Eigenbedarf benötigt und erntet einen Fundort nie gänzlich ab, um das Fortbestehen der Pflanzen zu sichern. So habt Ihr und andere Menschen auch im Folgejahr Freude an ihnen.

1

2

3

4

1. Der rötliche bis purpurne, rundliche Blütenstand mit oben weiblichen, mittig zwittrigen und unten männlichen Blütchen verleiht Wildkräutersalaten nicht nur Geschmack sondern auch Farbe. **2.** Im Frühjahr sind die unpaarig gefiederten Blätter mit den rundlichen, gezähnten Blättchen gut auszumachen. **3.** Oft klappen die Triebe ihre Fiederblättchen kurz nach dem Ernten bereits zusammen, was auf ihren Geschmack aber keinen Einfluss hat. **4.** In den nährstoffreichen Feuchtwiesen ist der Kleine Wiesenknopf anfangs gar nicht so leicht auszumachen.

KLEINER WIESENKNOPF

Kleiner Wiesenknopf, Rosengewächse *Sanguisorba minor, Rosaceae*

Der Kleine Wiesenknopf ist zarter und aromatischer als sein großer Verwandter, der Große Wiesenknopf *(Sanguisorba officinalis).* Manch einer kennt ihn auch als „Pimpinelle" aus Omas Kräutergarten, wo die buschige Staude als dekorative Pflanze oft als Weg- oder Beeteinfassung zu finden ist.

GENERELL

Pflanze: mehrjährig, einhäusig, ca. 40 cm hoch werdend. **Blätter:** anfangs helle, später dunkelgrüne, rundlich bis eiförmige, gezähnte 1 cm große Blättchen, die unpaarig gefiederte Blätter bilden. **Blüte:** rundlich bis zylindrischer Blütenstand, ca. 0,8 cm groß und rötlich bis purpurfarben, endständig von Mai bis August auf 40 bis 80 cm hohen, leicht verzweigten Stängeln. **Früchte:** kleine Samen im August/September, die sich gut aussäen lassen oder sich selber aussäen. **Verbreitung:** auf Feuchtwiesen an sonnigen bis halbschattigen Standorten.

VERWENDUNG UND GESCHMACK

Vor allem die zarten, jungen **Blätter** sind von April bis August eine delikate Kräuterwürze. Ihr aromatischer, nussiger bis gurkenähnlicher Geschmack bereichert die Wildkräuterküche. Bevorzugt sollte der Kleine Wiesenknopf roh verwendet und nicht mitgekocht werden. Fein gehackt, kann man ihn in Kräuterbutter, Soßen, Dipps und Brotaufstrichen verwenden oder anstatt Petersilie über Gemüse und Suppen streuen. Er darf auf keinen Fall in der „Frankfurter Grüne Soße" fehlen. Die **Blüten** sind gleicherweise verwendbar. Mit ihnen lassen sich Salate auch farbig akzentuieren.

SAMMELORT UND ERKENNUNGSMERKMALE

Vor allem auf nährstoffreichen, feuchten Wiesen ist der Kleine Wiesenknopf bereits im frühen Frühjahr bis in den Sommer hinein zu finden. Bestes Erkennungsmerkmal sind seine attraktiven Blätter mit den gezähnten Fiederblättchen, später die hoch aufragenden rundlichen roten Blütenstände. Die gesamte Pflanze ist essbar, wobei die hellgrünen Blätter im Zentrum der buschigen Staude am schmackhaftesten und zartesten sind. Verwechseln könnte man die Pflanze aus der Familie der Rosengewächse mit dem Großen Wiesenknopf *(Sanguisorba officinalis),* der ebenfalls essbar, aber sehr herb und zäher ist, oder der Kleinen Bibernelle *(Pimpinella saxifraga),* einem Doldengewächs, das ebenfalls auf Wiesen zu finden und essbar ist, aber nicht den charakteristischen Gurkengeschmack aufweist.

WILDE „FRANKFURTER GRÜNE SOSSE“

Ein klassisches Rezept, das ich in vielfältiger Weise abwandle und was in der Genussküche in unterschiedlichster Kombination einsetzbar ist!

ZUTATEN

- 50 g Joghurt
- 250 g Frischkäse
- Saft von ½ Zitrone
- 1 EL Honig
- 2 hartgekochte Eier
- Salz
- 150 g gemischte Kräuter: Kleiner Wiesenknopf, Minze, Sauerampfer, wilder Schnittlauch, Bärlauch oder Knoblauchsrauke, Giersch, Löwenzahn, Gundermann, Schafgarbe

ZUBEREITUNG

Zwei Drittel der gewaschenen Kräuter und ein hartgekochtes Ei im Joghurt pürieren. Frischkäse unterrühren bis eine cremige Masse entsteht. Restliche Kräuter und das zweite hartgekochte Ei fein hacken und unterheben. Mit Zitronensaft, Honig und Salz abschmecken. Mit Blättern oder Blüten garnieren.

Passt super zu kräftigem Brot
oder heissen Pellkartoffeln.
Im Original wird die Sosse mit
gekochten Eiern serviert.

GEFÜLLTE EIER MIT WIESENKNOPF

Wer erinnert sich noch an die Russischen Eier auf den Party-Buffets der 50er bis 70er Jahre? Ich finde, in der „wilden“ Rezeptur sind sie wieder hitverdächtig!

ZUTATEN

- Blätter vom Kleinen Wiesenknopf
- 4 Eier
- 6 EL Frischkäse
- 2 EL saure Sahne
- 4–6 Kapern
- ½ kleine Zwiebel
- Salz
- Pfeffer

ZUBEREITUNG

Eier hart kochen, abschrecken, pellen, halbieren und das Eigelb in eine Schüssel geben. Blättchen vom Kleinen Wiesenknopf sehr fein hacken, mit Eigelb, Frischkäse und saurer Sahne vermischen. Zwiebeln und Kapern sehr fein schneiden und dazu geben. Mit Salz und Pfeffer abschmecken. Die Masse in die Eihälften füllen und verzieren.

WIESENKNOPF-BLINI MIT LACHS UND SAUERRAHM

Diese Blinis schmecken warm natürlich besonders gut. Aber auch abgekühlt liebe ich sie als kleinen Zwischensnack mit einem Dipp dazu.

ZUTATEN

- 80 g Kleiner Wiesenknopf-Blätter
- 2 Eier
- 50 g Buchweizenmehl
- 25 g Weizenmehl Typ 550
- 2 TL Backpulver
- 30 g flüssige Butter
- 50 ml Milch
- 1 Prise Salz
- Bratöl
- 150 g Sauerrahm
- geräucherter Lachs
- zum Garnieren 2 EL Kräuter, gehackt
- schwarzer Pfeffer, frisch gemahlen

ZUBEREITUNG

Kleinen Wiesenknopf waschen, trocken schütteln und in etwas Milch pürieren, mit Eier, Buchweizen- und Weizenmehl, Backpulver, Butter, Salz und der restlichen Milch zu einem glatten Teig verrühren. 30 Minuten ruhen lassen. In einer Pfanne das Öl erhitzen und bei mittlerer Hitze acht kleine Blinis backen, warm halten. Die Blinis auf Tellern anrichten, mit aufgerollten Lachsscheiben, Sauerrahm, gehackten Kräutern und schwarzem Pfeffer garniert servieren.

Das Herrgotts-Kraut, ein wertvolles Kraut, dessen regelmässiger Gebrauch den Körper bei bester Gesundheit hält.

NICHOLAS CULPETER
ENGLISCHER ARZT UND APOTHEKER (17. JHDT.)

QUARK-KRÄUTER-BRÖTCHEN

Bei meinem Mentor Jean-Marie Dumain habe ich Kräuterbrötchen, gebacken und serviert auf flachen Flusskieseln, kennengelernt. Das hat mich so begeistert, dass ich dieses schnelle und leckere Brötchenrezept mit Backpulver kreiert habe.

ZUTATEN

- 400 g Mehl
- 100 g Haferflocken
- 1 Päckchen Backpulver
- 100 g Butter
- 250 g Magerquark
- 2 Eier
- ½ TL Salz
- 1 EL Honig
- 5 EL Kräuter, gehackt, nach Saison: Kleiner Wiesenknopf, Pfefferminze, Sauerampfer, Wiesen-Bärenklau, Giersch, Brennnessel

ZUBEREITUNG

Butter mit Quark, Honig, Salz und Eiern verrühren. Mehl mit Haferflocken, Kräutern und Backpulver vermischen und alles zu einem glatten Teig verkneten. Aus dem Teig eine Rolle formen und in 16 Stücke teilen. Brötchen kreuzweise einschneiden, im vorgeheizten Backofen – Ober-Unterhitze 200 °C oder Umluft 175 °C – in 15 bis 20 Minuten goldbraun backen.

Für einen schnellen Picknick-Brötchen-Korb
packe ich die Brötchen in eine grosse
Stoffserviette und diese in eine Plastiktüte.
Dann den Rand der Plastiktüte herunterrollen
und die vier Zipfel der Serviette
herauszupfen, fertig ist der Brötchenkorb!

1. Im späten Mai entfaltet der Waldmeister die zarten, endständigen weißen Blütchen. **2.** Ein Duftkraut! Der Waldmeister bezirzt aufgrund seines Vanillearomas. **3.** Borstige Klettfrüchte bilden sich aus kleinen Blüten, die über Tiere schnell verbreitet werden. **4.** In lichten Laub- und Buchenwäldern im frühen Frühjahr ist der Waldmeister zu finden. Meist bedeckt er hier größere Flächen mit seiner attraktiven Erscheinung.

WALDMEISTER

Waldmeister, Rötegewächse *Galium odoratum, Rubiaceae*

Im Frühjahr liebe ich die noch lichten, sich hellgrün belaubenden Laub- und Buchenwälder ganz besonders. Denn dann ist hier auch der Waldmeister zu finden. Ein Kraut, das vor allem im getrockneten Zustand einen angenehmen süßlichen Duft nach Vanille und frischem Heu verströmt. Als Bestandteil der „Maibowle" ist der Waldmeister vielen Menschen ein Begriff. Doch er kann weitaus mehr!

GENERELL

Pflanze: mehrjährige Staude, ca. 20 cm hoch werdend. **Blätter:** Einzelblättchen schmal, lanzettlich bis 4 cm lang; Blattquirle bestehend aus 8 bis 10 Blättchen, die wiederum etagenförmig übereinander stehen. **Blüte:** von Mai bis Juni, vierblättrige, weiße, trichterförmige 3 bis 5 mm große Einzelblüten; Blütenstände schirmförmig, endständig am meist unverzweigten Stängel. **Früchte:** ab Juni ca. 4 mm große und mit Stachelborsten besetzte Früchte. **Verbreitung:** in halbschattigen bis schattigen Lagen von Laub- und Buchenwäldern auf nährstoffreichem, humushaltigem Waldboden,

VERWENDUNG UND GESCHMACK

Sammelzeit ist von April bis Juni, dann finden die jungen, noch nicht blühenden Triebe mit den **oberen drei bis vier Blattquirlen** in der Küche Verwendung. Je länger man die Pflanze welken lässt, umso intensiver wird ihr Aroma. Wenigstens zwei Stunden sollte die Pflanze welken, bevor man sie zum Aromatisieren von Getränken wie Tees oder Bowlen einsetzt. Auch Süßspeisen, basierend auf Milch oder Sahne, verleiht der Waldmeister sein intensives, vanilleähnliches Aroma. Das blühende Kraut bildet eine gute Basis für Kräuterweine. Nur zu viel sollte man vom Waldmeister nicht genießen, da das Cumarin Kopfschmerzen auslösen kann. Getrocknete Büschel von Waldmeister geben Kleiderschränken einen angenehmen Duft und dienen außerdem als Motten- und Insektenschutz.

SAMMELORT UND ERKENNUNGSMERKMALE

Der Waldmeister wächst am liebsten in Laub- und Buchenwäldern. Unterirdisch bildet der Waldmeister lange, flachliegende Wurzeln, aus denen die unverzweigten Triebe emporwachsen, sodass er meist flächendeckende Vorkommen bildet. Am besten erntet man ihn mit der Schere, um ihn nicht aus der Erde zu reißen. Die Blattfarbe hat immer einen Stich ins Gelbliche und beim Zerreiben der Blätter entwickelt sich nach kurzer Zeit das typische Waldmeisteraroma. Verwechseln kann man den Waldmeister mit dem Wald-Labkraut *(Galium sylvaticum).* Dieses steht meist einzeln, wird erheblich größer und hat verzweigte Stängel. Seine Blätter sind mehr blaugrau und duften nicht nach Cumarin. Auch mit dem Wiesen-Labkraut *(Galium mollugo),* welches im Frühjahr aber auf Wiesen oder an Wegrändern steht, ist ein Verwechseln möglich. Dieses duftet aber nicht nach Cumarin, sondern leicht nach Erbse und ist ebenfalls essbar.

WALDMEISTER-CRÈME BRÛLÉE

Ein Dessert, das schon viele Liebhaber gefunden hat. Wenn ich es bereits am Vortag zubereite, karamellisiere ich den Zucker unmittelbar vor dem Servieren.

ZUTATEN

- 30 g Waldmeisterstängel (ca. 30–40 Stängel)
- 100 ml Apfelsaft
- 5 Eigelb
- 300 ml Sahne
- 40 g Puderzucker
- Mark einer Vanilleschote
- brauner Zucker zum Bestreuen
- Erdbeeren, Himbeeren, Blaubeeren zur Dekoration

ZUBEREITUNG

Die Waldmeisterstängel bündeln und mit einem Baumwollfaden zusammenbinden. Den Waldmeister etwas andrücken und in den leicht erwärmten Apfelsaft hängen. Die Stängelenden sollten aus dem Saft herausschauen. Zwei bis drei Stunden ziehen lassen. Den Waldmeister herausnehmen, ausquetschen und den Apfelsaft auf ca. 30 Milliliter Flüssigkeit einkochen. Ofen auf 100 °C vorheizen. Eigelb, Sahne, Puderzucker, aromatisierten Apfelsaft und Vanillemark verquirlen und durch ein feines Sieb gießen, in feuerfeste Förmchen füllen und im Ofen etwa eine Stunde stocken lassen. Die Crème abkühlen lassen, dann mit braunem Zucker bestreuen und unter dem Grill karamellisieren. (Alternativ mit einem Gasbrenner karamellisieren.) Dazu die „Beerenauslese“ dekorieren.

WALDMEISTER-REISAUFLAUF MIT RHABARBER

Wer immer schon Omas Milchreis mochte, wird mit dieser besonders raffinierten Variante sich und andere begeistern können!

ZUTATEN WALDMEISTER-REIS

- 250 g Arborioreis oder Milchreis
- 200 ml Wasser
- 700 ml Milch
- 50 g Zucker
- 1 Sträußchen Waldmeister (ca. 30 Stängel angewelkt oder besser gefroren)
- 1 Prise Salz

ZUTATEN RHABARBER-KOMPOTT

- 1 kg Rhabarber
- 100 g Zucker
- Saft von ½ Zitrone
- 100 ml Wasser

ZUTATEN TOPPING

- 3 EL Mandelblättchen
- Puderzucker
- 60 g Butter

ZUBEREITUNG

Waldmeister zusammenbinden, anquetschen und für zwei bis drei Stunden in der Milch ziehen lassen, danach rausnehmen. Reis mit Wasser aufkochen, Waldmeistermilch dazu gießen, eine Prise Salz dazugeben und alles bei kleiner Hitze und gelegentlichem Umrühren in 45 Minuten zu einem Brei kochen. Zucker unter den Milchreis rühren. Die Hälfte des Milchreises in eine gebutterte Form geben.

Rhabarber schälen, in ein Zentimeter lange Stücke schneiden, mit etwas Wasser und Zitronensaft sowie dem Zucker kurz aufkochen. Rhabarberkompott mit einem Schaumlöffel über die erste Milchreisschicht verteilen, darüber den restlichen Milchreis in die Form füllen. Im vorgeheizten Backofen bei 180 °C 40 Minuten backen. Auflauf herausnehmen und die Temperatur auf 240 °C erhöhen.

Auflauf mit Mandelblättchen und Puderzucker bestreuen, mit Butterflöckchen belegen und weitere zehn Minuten backen, bis die Oberfläche goldbraun wird. Lauwarm servieren.

WALDMEISTER-GELEE

ZUTATEN

- 15 Stängel Waldmeister
- 750 ml Apfelsaft
- Saft von 1 Zitrone
- 500 g Gelierzucker 2:1

ZUBEREITUNG

Waldmeister anwelken lassen und über Nacht in den Apfelsaft hängen. Am nächsten Tag herausnehmen und ausdrücken. Zitronensaft dazu geben und mit dem Gelierzucker kochen. Heiß in Gläser füllen und gut verschließen.

WALDMEISTER-SIRUP

ZUTATEN

- 1 l Wasser
- 750 g Zucker
- 2 Zitronen, unbehandelt
- 15 g Waldmeister (ca. 15–20 Stängel, je nach Größe)

ZUBEREITUNG

Wasser und Zucker kochen bis die Zuckerlösung klar ist, etwas abkühlen lassen. Waldmeister in ein Einmach- oder Schraubglas geben, Zuckerlösung dazu gießen, Zitronenscheiben auflegen, Glas verschließen und fünf Tage kühl stellen. Abseihen, aufkochen und in kleine Fläschchen abfüllen. Der Sirup ist nur ca. drei Monate haltbar und nach dem Öffnen nur kurze Zeit im Kühlschrank.

WALDMEISTER-ÖL

ZUTATEN

- 500 ml Sonnenblumenöl
- 25 Stängel Waldmeister
- 1 Prise Salz

ZUBEREITUNG

Waldmeister in ein großes Schraubglas geben, ein bis zwei Stunden anwelken lassen, dann mit Salz bestreuen und mit Öl übergießen. Drei bis fünf Tage ziehen lassen. Darauf achten, dass der Waldmeister immer mit Öl bedeckt ist! Abseihen und in kleine Flaschen abfüllen. Das Öl ist vier bis sechs Wochen haltbar.

Waldmeister-Gelee
– auf Apfelsaft mit Zitrone –
Mai 2021
Waldmeister-Sirup
mit Zucker und Zitrone
Mai 2021
Waldmeister-Öl
auf Sonnenblumen-Öl
Mai 2021

1

2

3

4

1. Der traubige Blütenstand hat bis zu 30 vierzählige Blüten, die im geöffneten Zustand in der Mitte deutlich die gelben Staubgefäße erkennen lassen. **2.** Vor allem die knospigen Blütentuffs sammele ich für meine Frühlings-Genussküche. **3.** Auch auf saftigen Wiesen ist das Wiesenschaumkraut zusammen mit Löwenzahn eine Zier, die Pflanze ohne Blütenschmuck jedoch schwer im Grün der Wiese auszumachen. **4.** Den Boden lichter Auwälder übersät das Wiesenschaumkraut bereits im April/Mai mit seinen zart violettfarbenen Blütenständen.

WIESENSCHAUMKRAUT

Fleischblume, Wiesenkresse, Kreuzblütler *Cardamine pratensis, Brassicaceae*

Im Frühjahr ist das Wiesenschaumkraut nicht zu übersehen, wenn es die Wiesen nur für eine kurze Zeit mit seinen violetten Blütenständen überzieht. Mich erinnert dies an Meeresschaum. Welche Freude war es für mich als Kind, aus dieser Fülle einen dicken Strauß für meine Mutter zu pflücken!

GENERELL

Pflanze: mehrjährige, aus einer anfänglichen Rosette ca. 50 cm hoch werdende Staude. **Blätter:** grundständig in einer Rosette, unpaarig gefiedert mit 3 bis 8 rundlich bis eiförmigen Fiederblattpaaren mit gewelltem Rand und einem deutlich vergrößerten Endblatt, im oberen Bereich zierlich mit linearen Teilblättchen an aufrechtem, unverzweigtem, rundem und hohlem Stängel. **Blüte:** April bis Juni, traubiger Blütenstand mit Blüten, die je aus vier ca. 1 cm langen, rundlichen, violettfarbenen Blütenblättern bestehen und gut sichtbare gelbe Staubbeutel aufweisen. **Früchte:** zwischen Juni und September 2 bis 3 cm lange Schote aufrecht abspreizend an der Fruchtstandsachse sitzend. **Verbreitung:** auf Feuchtwiesen und Auenwäldern der nördlichen Erdkugel.

VERWENDUNG UND GESCHMACK

Früh im Jahr, von April bis Mai, sind die zarten, leicht kresseartig oder senfig schmeckenden **Blätter und Triebe** des Wiesenschaumkrauts eine bereichernde Zutat für Salat, Kräutersuppe oder Eintopf. Später werden die Blätter bitterer und sollten nur noch wohl dosiert verwendet werden. Dann ergänzen die mild nach Meerrettich schmeckenden **Blütenknospen** Kräuterquark, Dipps oder Pesto und sind eine schöne essbare Dekoration. Von April bis Juni dienen die **Stängel** des Wiesenschaumkrauts als Gemüse, auch in Aufläufen und Suppe. Die ab Juni bis September erscheinenden **Samen** sind ein scharf-würziger Brotbelag, getrocknet als Pfefferersatz oder geröstet als Senfzutat.

SAMMELORT UND ERKENNUNGSMERKMALE

Das Wiesenschaumkraut wächst vor allem auf frischen Feuchtwiesen oder in Auenwäldern. Im zeitigen Frühjahr lässt es sich auf kahlen Stellen an seinem rosettenartigen Wuchs erkennen, der viele rundliche, sich nach außen hin vergrößernde Blättchen aufweist. Auf Wiesen ist das Wiesenschaumkraut vor der Blüte allerdings nur schwer auszumachen. Hier gibt es sich erst zu erkennen, wenn die Stängel sich strecken und die blasslila Blüten erscheinen. Am besten, man probiert ein Blättchen, es muss kresseartig schmecken. Häufig finden sich in den Blattachseln des Wiesenschaumkrauts kleine, an Speichel erinnernde Schaumnester der Wiesenschaumzikade, deren Wirtspflanze sie ist. Verwechseln könnte man das Wiesenschaumkraut mit seinen ebenfalls essbaren Verwandten, der Wiesenkresse *(Cardamine hirsuta)*, dem Spring-Schaumkraut *(Cardamine impatiens)* und dem bitteren Schaumkraut *(Cardamine amara)*. Auch besteht Verwechslungsgefahr mit dem giftigen Goldlack *(Erysimum cheiri)*, der jedoch gelbe Blüten und weniger eingekerbte Blätter besitzt.

COUSCOUS-SALAT MIT WILDKRÄUTERN

Dieser erfrischende und appetitanregende Salat lässt sich wunderbar vorbereiten und ist zugleich auch eine Augenweide.

ZUTATEN DRESSING

- 1 Knoblauchzehe
- 3 EL Zitronensaft
- 1 TL Honig
- Salz
- Pfeffer
- Muskatnuss
- 3 EL Olivenöl
- 3 EL Buttermilch

ZUTATEN SALAT

- ½ Zwiebel, gewürfelt
- 100 g Karotten, geraspelt
- 100 g Fenchel, fein geschnitten
- 1 kleiner Apfel, geschält, geraspelt
- 80 g Couscous (als glutenfreie Variante Quinoa verwenden)
- 200 ml Wasser
- 50 g Kräuter: Spitzwegerich, Giersch, Knoblauchsrauke, Gundermann, Sauerampfer, Kleiner Wiesenknopf, Zitronenmelisse, Pfefferminze
- Zur Garnitur: Wiesenschaumkrautblüten, Veilchen und Gundermann

ZUBEREITUNG

Alle Dressingzutaten verrühren und kräftig abschmecken. Couscous nach Packungsangabe zubereiten. Kräuter waschen und trocken schleudern, zupfen und fein hacken. Die Salatzutaten mit dem Dressing vermengen, 30 Minuten ziehen lassen und noch einmal abschmecken. Den fertigen Salat mit Wiesenschaumkrautblüten, Veilchen und Gundermann garnieren. Kühl servieren.

Als Salat-Topping ein Bukett aus essbaren Blütenpflanzen zusammenlegen, mit einem dünnen Streifen Salatgurke umwickeln und mit einem Holzspiesschen zur Fixierung durchstechen.

SCHAUMKRAUT-TALER

Diese Fingerfood-Häppchen reiche ich gerne zum Aperitif oder auch als kleinen Snack für zwischendurch.

ZUTATEN

(ergibt ca. 24 Stück)

- 40 g Gouda-Käse, gerieben
- 1 großer Apfel
- 2–3 EL Zitronensaft
- 4 EL Butter
- 1 TL Senf
- Salz
- Pfeffer
- 24 Brottaler, z. B. Pumpernickel
- 24–30 Stängel blühendes Wiesenschaumkraut (kann zu anderen Jahreszeiten durch Gartenkresse ersetzt werden)

ZUBEREITUNG

Den Apfel waschen, vierteln und entkernen. Drei Viertel des Apfels grob raspeln, das vierte Viertel halbieren und quer in hauchdünne Scheiben schneiden. Die Scheibchen mit Zitronensaft beträufeln, damit sie nicht braun werden. Die Apfelraspel mit der weichen Butter, Senf, Salz und Pfeffer vermischen. Die Brottaler damit bestreichen. Die Wiesenschaumkrautblüten und -knospen großzügig auf den Talern verteilen. Mit dem Käse und den Apfelscheibchen belegen.

KRÄUTERQUARK MIT WIESENSCHAUMKRAUT

Zu frischem, deftigem Brot ist dieser Dipp eine wahre Köstlichkeit. Aber auch mit Gemüsestiften und Blattsalat genascht, ist er bei meinen Gästen beliebt.

ZUTATEN

- 8 EL Wildkräuter, fein gehackt, wie Wiesenschaumkraut, Sauerampfer, Knoblauchsrauke, Giersch, Gundermann
- 200 g Frischkäse oder Quark
- 200 g saure Sahne
- Salz
- Senf
- Zitronensaft
- Honig
- Zur Garnitur: Blüten und Blätter

ZUBEREITUNG

Die Wildkräuter waschen, gut trocken schleudern und fein hacken. Alles miteinander verrühren und mit Salz, Senf, Zitronensaft und Honig abschmecken. Mit Blüten und Blättern garnieren.

WIESENSCHAUMKRAUTCRÈME IN LACHSROLLE

Diese pikante Variante der Lachsrolle löst immer wieder Begeisterung aus. Ob als Vorspeise oder für einen kleinen Abendsnack zum Glas Wein gereicht, der Aufwand ist gering, die Wirkung groß!

ZUTATEN TEIG

- 300 ml Milch
- 150 g Mehl
- 4 Eier
- 2 EL Öl

ZUTATEN FÜLLUNG

- 400 g geräucherter Lachs in Scheiben
- 400 g Frischkäse
- 2 EL saure Sahne
- 2 TL Meerrettich
- Salz
- 3 Handvoll Wiesenschaumkrautknospen und -blüten
- 4 junge Wiesen-Bärenklaublätter
- Blüten zum Garnieren

ZUBEREITUNG

Den Teig mit dem Mixer verrühren und 30 Minuten quellen lassen. Ein Backblech mit Backpapier auslegen, den Teig darauf verteilen und 10 bis 13 Minuten bei 200 °C backen. Die Blätter des Bärenklaus waschen, gut trocknen und sehr fein hacken. Den Bärenklau und das Wiesenschaumkraut mit dem Frischkäse, der Sahne und dem Meerrettich vermischen, abschließend mit Salz abschmecken. Die Frischkäsemasse auf den ausgekühlten Teig streichen, anschließend mit Lachs belegen. Den Teig aufrollen und ca. 30 Minuten im Kühlschrank durchkühlen lassen. Zum Servieren die Rolle in Scheiben schneiden und mit Blüten garnieren.

1. Anders als das Maiglöckchenblatt, mit dem der Bärlauch verwechselt werden könnte, ist das Blatt glatt und an der Oberseite glänzend und einzeln dreikantig gestielt. **2.** Wenn die gelben Rapsfelder blühen, ist meist auch die Sammelzeit für den Bärlauch gekommen. **3.** Die sternenförmigen Einzelblüten, aber auch der ganze Blütenstand, werden gerne für essbare Dekorationen, bei Rohkost oder zu Gemüse eingesetzt. **4.** Typisch: Der Bärlauch besiedelt den Waldboden meist großflächig im schattigen, feuchten Bereich. Die Blüten übersäen später das dunkelgrüne Laubwerk.

BÄRLAUCH

Waldknoblauch, Liliengewächse *Allium ursinum, Liliaceae*

Nur eine kurze Zeit im Frühjahr begeistert der Bärlauch mit seinem weithin wahrnehmbaren Knoblauchsgeruch. Doch dann wird es höchste Zeit, ihn zu sammeln. Auch hier rate ich meinen Naturfreunden, nur die Menge zu ernten, die man für den Eigenbedarf braucht. Außerdem sollte man immer nur einzelne Blätter von den Pflanzen entnehmen, so schützt man den Bestand und kann sich im nächsten Jahr wieder auf eine Ernte freuen.

GENERELL

Pflanze: mehrjährige, ca. 40 cm hoch werdende Staude. Blätter: dunkelgrün, oberseits glänzend und glatt, schmal bis lanzettlich geformt, ganzrandig und bis 20 cm lang werdend. **Blüte:** kugeliger Blütenstand mit weißen, sternförmigen, kurz gestielten Einzelblüten mit meist sechs Blütenblättern, von April bis Mai auf dreikantigem Blütenstängel endständig blühend. **Früchte:** ab Juni als drei- oder viergeteilte Frucht mit kleinen Samen. **Verbreitung:** in den Wäldern Mitteleuropas.

VERWENDUNG UND GESCHMACK

Nahezu die gesamte Pflanze lässt sich in der Küche verwenden. Als Zwiebelgewächs ist ihr ein intensiver, aromatischer, scharfer Geschmack nach Knoblauch eigen und findet deswegen gerne als Alternative zu diesem Verwendung. Seine von März bis April erscheinenden **Blätter** ergeben ein wunderbares Pesto zu Pasta. Auch als Brotbelag genossen, in Kräuterquark, Kräuterbutter, Käse, Soße oder in Gemüse sind sie aufgrund ihrer Schärfe eine bereichernde, stark würzende Zutat. Die **Blütenknospen,** die sich im April bilden, ergeben eingelegt in Öl, Essig und Salz ein aromatisches Antipasto. Die ab April bis Juni erscheinenden weißen **Blüten** eignen sich für essbare Dekorationen sowie als Zutat in Salat oder auf kalten Platten. Auch in der Suppe, zu Kartoffeln oder in Teigspeisen ist Bärlauch bereichernd. Der **Samen,** ab Juni noch grün und unreif geerntet, lässt sich ähnlich wie grüner Pfeffer zu Käse, Soße und Gemüse ergänzen. Ausgereift und getrocknet ergibt er ein pfeffriges Trockengewürz.

SAMMELORT UND ERKENNUNGSMERKMALE

Der Bärlauch ist meist in ausgedehnten Kolonien in feuchten und schattigen Lagen der Laub-, Misch- oder Auwälder anzutreffen. Sein Knoblauchgeruch ist oft von weither wahrnehmbar, spätestens jedoch beim Zerreiben der Blätter mit den Fingern. Der Bärlauch ähnelt anderen Pflanzen aus der Familie der Liliengewächse, vor allen dem Maiglöckchen *(Convallaria majalis)* oder der Herbstzeitlose *(Colchicum atumnale).* Beide sind giftig. Die Blattstängel des Bärlauchs sind auffällig kantig dreieckig und kommen einzeln aus dem Boden, die des Maiglöckchens sind rund und es stecken immer zwei Blätter in einem Schaft. Herbstzeitlosenblätter erheben sich dagegen als Bund ineinander gerollter Blätter aus dem Boden – meist in der Wiese. Beiden fehlt der typische Knoblauchgeruch.

BÄRLAUCH-THUNFISCH-DIPP

Ein erfrischender Frühlings-Dipp, der schnell zubereitet ist.

ZUTATEN

- 1 Dose Thunfisch im eigenen Saft
- 100 g Crème fraîche
- 100 g Frischkäse
- 10–15 Bärlauchblätter
- Saft von 1 Zitrone
- 1 Prise Zucker
- Salz
- Pfeffer

ZUBEREITUNG

Thunfisch in einem Sieb abtropfen lassen und grob zerkleinern. Mit der Crème fraîche und dem Frischkäse pürieren. Bärlauch waschen, trocken schleudern und fein hacken. Bärlauch unter die Thunfischmasse mischen. Mit Zitronensaft, Zucker, Salz und Pfeffer abschmecken.

BLÄTTERTEIG-TÜRMCHEN

ZUTATEN

- Blätterteig, tiefgefroren
- Parmesan, gerieben
- Kräuter-Meersalz
- 1 Ei

ZUBEREITUNG

Blätterteigplatten auslegen, auf die Hälfte der Platten geriebenen Parmesan geben, dann die anderen Blätterteigplatten auflegen, leicht andrücken, mit geschlagenem Ei bestreichen und mit Kräuter-Meersalz bestreuen. Teigstücke ausstechen und auf einem mit Backpapier belegten Backblech bei 180 °C im vorgeheizten Ofen ca. 20 Minuten goldbraun backen.

Kräuter-Salz lässt sich schnell mit getrockneten Wild- und Würzkräutern herstellen. Dafür nach Geschmack ein Teil Kraut mit einem Teil Meersalz im Mörser vermahlen – fertig!

BÄRLAUCH-QUICHE

Ein tolles Gericht, was sich sehr gut vorbereiten lässt. Aufgewärmt schmeckt die Quiche fast würziger als frisch aus dem Ofen.

ZUTATEN TEIG

- 250 g Mehl
- 1 kleines Ei
- 125 g kalte Butter
- Salz
- ca. 80 ml Wasser

ZUTATEN BELAG

- 200 g Bärlauch
- 200 g saure Sahne
- 150 g Bergkäse, gerieben
- 1 Ei
- Salz
- Pfeffer
- Muskat

ZUBEREITUNG

Mehl in eine Schüssel geben und in die Mitte eine Vertiefung drücken. Das Ei hinein schlagen und ca. 80 Milliliter kaltes Wasser dazugeben, eine Prise Salz und die Butter in Stücken auf dem Mehl verteilen. Alles schnell zu einem glatten Teig verkneten und auf einer bemehlten Arbeitsplatte ausrollen. Den Teig in gefettete Förmchen (alternativ in eine Quicheform Ø 28 Zentimeter) geben. Den Rand etwas hoch ziehen, anschließend kalt stellen. Den Bärlauch waschen, kurz blanchieren, in einem Sieb abtropfen lassen, dann grob hacken. Saure Sahne, Käse, Ei und den gehackten Bärlauch gut verrühren und mit Salz, Pfeffer und Muskat abschmecken. Die Masse in die mit Teig ausgekleideten Förmchen füllen und bei 200 °C im vorgeheizten Ofen etwa 30 Minuten backen.

Es geht die Mär, dass gewaltige Kräfte im Bärlauch schlummern. Nach ihrem Winterschlaf reinigten Bären ihr Blut und ihren Stoffwechsel mit diesem Kraftspender.

BÄRLAUCH-ÖL UND BÄRLAUCH-ESSIG

Bärlauch-Öl schmeckt gut zu Salat, eignet sich auch gut zum Marinieren von Grillfleisch. Beides verschenke ich auch sehr gerne zusammen mit ein paar Bärlauchblättern.

ZUTATEN ÖL

- 1 l Olivenöl
- 15–20 Bärlauchblätter und/oder -blütenknospen

ZUBEREITUNG ÖL

Bärlauch waschen und gut trocken schütteln. Bärlauch in grobe Streifen schneiden und in eine dunkle Flasche geben, mit Olivenöl auffüllen. Drei bis vier Wochen ziehen lassen und darauf achten, dass der Bärlauch gut bedeckt ist. Öl durch ein Sieb abseihen und in eine saubere, schöne Flasche füllen.

ZUTATEN ESSIG

- 1 l Weißweinessig
- 8–10 Bärlauchblätter
- 2 TL Honig

ZUBEREITUNG ESSIG

Bärlauch waschen und gut trocken schütteln. Den Honig in etwas lauwarmem Wasser auflösen. Beides mit dem Essig in eine klare Flasche geben. Ca. eine Woche ziehen lassen und täglich gut schütteln. Unbedingt darauf achten, dass der Bärlauch gut bedeckt ist. Durch einen Kaffeefilter abseihen und in saubere, schöne Flaschen füllen.

Bärlauch-
Essig
Bärlauch
Essig
Bärlauch-Öl
mit Knospen

NUDELTASCHEN MIT BÄRLAUCHFÜLLUNG

Dieses Rezept braucht etwas Vorbereitung, hinterlässt aber bei meinen Gästen immer einen nachhaltigen Eindruck. Denn die Bärlauchfüllung ist eine überraschend schmackhafte Ergänzung zu dem neutralen Pastateig.

ZUTATEN NUDELTEIG

- 300 g Weizenmehl
- 1 Prise Salz
- 3 Eier
- 1 EL Olivenöl

ZUTATEN FÜLLUNG

- 300 g Frischkäse
- Joghurt
- Salz
- Pfeffer
- insgesamt ¾ l Messzylinder Kräuter (gemischt oder einzeln): Bärlauch, Spitzwegerich, Giersch, Knoblauchsrauke, Zitronenmelisse, Pfefferminze
- Butter, geschmolzen
- Parmesan, gerieben

ZUBEREITUNG

Mehl und Salz auf die Arbeitsplatte sieben. Mulde formen und die Eier hineingeben. Zutaten mit den Händen gut mischen. Olivenöl zugeben und kneten, bis ein geschmeidiger, glänzender Teig entsteht. Auf einer bemehlten Arbeitsplatte den Teig dünn ausrollen, dafür den Teig ab und zu drehen und in die Länge ziehen, bis er fast durchsichtig ist. Quadrate von ca. sechs mal sechs Zentimeter schneiden. Für die Füllung die Kräuter waschen und trocken schleudern. Sehr fein hacken und mit dem Frischkäse und den Gewürzen vermischen. Bei Bedarf Joghurt beimischen bis eine festcremige Masse entstanden ist. Die Teigränder mit Wasser bestreichen. Ein Teelöffel Füllung auf die Quadrate setzen und zu einem Dreieck zusammenklappen. Die Ränder festdrücken. Die Päckchen portionsweise in kochendes Salzwasser geben und vier bis fünf Minuten ziehen lassen. Mit zerlassener Butter und Parmesan servieren.

Anstelle der zerlassenen Butter serviere ich die gefüllten Bärlauch-Teigtaschen auf einem Tomatensossenspiegel und toppe sie mit einem Bärlauchblütenstand.

1. In kompakter Form schieben sich die Sauerampferknospen nach oben, um später über den Sommerwiesen als rosa bis rote Blüte zu schweben. **2.** Ab April bilden die typisch pfeilförmigen Sauerampferblätter-Rosetten in den Wiesen. Anfangs sehr klein und zart, werden sie später zu richtigen Blätternestern. Dann ist auch die beste Erntezeit. **3.** Auf manchen Wiesen muss man schon genau hinschauen, um Sauerampfer zu entdecken. Hat man ihn erstmal gefunden, wird man ihn an diesen Stellen jedes Jahr wieder ernten können. **4.** Sauerampfer ist eine typische Wiesenpflanze. Je nach Standort bildet er im Frühjahr fast flächendeckende Bestände.

SAUERAMPFER

Großer Wiesen-Sauerampfer, Knöterichgewächse *Rumex acetosa, Polygonaceae*

Die säuerlich schmeckenden Blätter sind mir als erfrischende Nascherei aus meiner Kindheit auf sommerlichen Spaziergängen mit meinen Eltern in Erinnerung geblieben. Jetzt schätze ich dieses Kraut auch in der Küche. Und obendrein liefert der Sauerampfer auch noch bezaubernde Möglichkeiten für Ess- und Tischdekorationen.

GENERELL

Pflanze: bis 1 m hoch werdende Staude. Stängel aufrecht, im unteren Bereich unverzweigt. **Blätter:** Rosettenblätter lang gestielt, spieß- bis pfeilförmig-länglich, glänzend untere Stängelblätter kurz gestielt mit deutlich pfeilförmigem Blattgrund, obere Stängelblätter immer sitzend, nie gestielt. **Blüte:** von Mai bis Juli, sehr klein, unscheinbar, rötlich bis blassgrün in endständigem, rispenartigem, lockerem Blütenstand. Männliche und weibliche Blüten stehen auf verschiedenen Pflanzen. **Früchte:** ab August dreikantig mit eintrocknenden Scheidewänden. **Verbreitung:** wild auf Feuchtwiesen, an Wegrändern, an Bachsäumen und im Gebüsch, kultiviert als Genusskraut im Garten.

VERWENDUNG UND GESCHMACK

Von März bis zum Spätsommer liefert der Vitamin C-reiche Sauerampfer mit seinen Blättern und Sprossspitzen Köstliches für die Wildpflanzenküche. Die rohen **Blätter** inklusive der **Stängel** geben mit ihrem säuerlichen, an Zitrone erinnernden Aroma Salaten eine perfekte Note. Fein geschnitten aromatisieren sie Dipps, Soßen, Kräuterdressings, Kräuterquark oder Kräuterbutter. Auch die **Blütenstände** lassen sich roh im Salat oder als Dippgemüse verwenden. Gegart ergänzt der Sauerampfer in kleinen Mengen diverse Gemüsegerichte, Eintöpfe oder Aufläufe, verliert dann leider seine schöne grüne Farbe und wird bräunlich. Der Sauerampfer enthält auch Oxalsäure, die in sehr großen Mengen zu Durchfall oder Erbrechen führen kann, besondere Vorsicht ist bei Nierenerkrankungen geboten.

SAMMELORT UND ERKENNUNGSMERKMALE

Sauerampfer zählt zur typischen Vegetation nährstoffreicher Wiesen. Durch seine pfeilförmigen Blätter mit den abwärts gerichteten Spießecken ist er sehr gut zu erkennen. Eine sommerliche Maht macht ihm nichts aus, sondern regt ihn zum erneuten Wachstum an. So bleiben die Blätter das ganze Jahr über zart und sorgen lange für sauren Genuss. Verwechslungsgefahr besteht aufgrund ähnlicher Blätter mit dem giftigen Aronstab *(Arum maculatum)*, seine Blätter sind jedoch größer und dunkelgrün. Sein Standort ist eher im Wald oder unter Büschen. Würde man seine Blätter probieren, kommt es sofort zu einem brennenden Gefühl im Mund und auf der Schleimhaut – dann sofort ausspucken.

SAUERAMPFER-ROTE-BETE-SALAT

Dieser erfrischende Frühlingssalat besticht durch seinen überraschend erdig-sauren Geschmack. Er kann auch sehr gut mit geräuchertem Fisch, z. B. Forelle serviert werden.

ZUTATEN SALAT

- 160 g Rote Bete, vorgekocht am Stück
- 80 g Sauerampferblätter
- 1 Apfel

ZUTATEN DRESSING

- 3 EL Wasser
- 3 EL Olivenöl
- 3 EL Wildfruchtessig
- ½ rote Zwiebel, fein gehackt
- ½ rote Zwiebel, in Ringen
- 1 Prise Salz
- schwarzer Pfeffer, frisch gemahlen

ZUBEREITUNG

Rote Bete schälen – falls Schale noch vorhanden – und grob raspeln. Apfel waschen, schälen, vierteln, vom Kerngehäuse befreien und ebenfalls grob raspeln, zu der Roten Bete geben. Sauerampfer waschen, große Blätter in Streifen schneiden und kleine Blätter am Stück vorsichtig unter die Rote Bete mischen. Auf Tellern anrichten. Alle Dressingzutaten vermischen und über den Salat träufeln, mit Zwiebelringen bestreut servieren.

SAUER-SAUER-DIPP MIT DREIMAL SAUER

Dieser Dipp ist so schnell gerührt und einfach vielfältig lecker.

ZUTATEN

- 3 Handvoll Sauerampfer
- 1 Bio-Zitrone (Schale und Saft)
- 200 g Frischkäse
- 200 g saure Sahne
- Milch
- Salz
- Honig
- Sauerkleeblätter zum Garnieren

ZUBEREITUNG

Sauerampfer waschen, trocken schleudern und in feine Streifen schneiden. Frischkäse und saure Sahne gut verrühren. Abgeriebene Zitronenschale und Saft dazugeben. Sauerampfer unterrühren und mit Salz und Honig abschmecken. Mit Sauerkleeblättern garnieren.

Der Sauer-Sauer-Dipp ist im Sommer ein hervorragender Begleiter zu Pellkartoffeln, alternativ krönt er einen Nachtisch.

ERDBEER-SAUERAMPFER-TRIFLE

Und hier die logische Folge vom saurem Spaß zum süßen Verlieben.

ZUTATEN

- wie Sauer-Sauer-Dipp
- 8 Löffelbiskuit
- 250 g Erdbeeren
- Zucker

ZUBEREITUNG

Sauer-Sauer-Dipp herstellen. Löffelbiskuits zerbröseln, am besten in einer Tüte und mithilfe des Nudelholzes. Erdbeeren waschen, in Scheiben schneiden und etwas zuckern. Löffelbiskuit, Erdbeeren und Sauer-Sauer-Dipp nacheinander in Gläser einschichten, mit Erdbeeren und Zitrone garniert servieren.

Sauer hat mir noch nie so viel Genuss bereitet!

BIRNEN-MÖHREN-SUPPE MIT SAUERAMPFER

Hierzu gab es schon viele begeisternde Worte und genüssliches Schweigen meiner Gäste.

ZUTATEN

- 250 g Möhren
- 30 g Butter
- 1 EL Honig
- 1 Zwiebel, fein gewürfelt
- 8–10 g Ingwer, frisch
- 600 ml Gemüsebrühe
- 1 große Birne
- 60 g Sauerampfer
- 4 EL Crème fraîche
- Salz
- Pfeffer
- zur Dekoration: kleine Sauerampferblätter und Sauerkleeblätter

ZUBEREITUNG

Möhren schälen und klein schneiden. Möhren mit den Zwiebeln in der Butter anschwitzen. Ingwer klein schneiden und dazugeben, mit Brühe angießen und etwa 20 Minuten köcheln lassen. Mit Honig abschmecken. Birne schälen und Kerngehäuse entfernen. Birne und Crème fraîche zu den Möhren geben und pürieren. Suppe vom Herd nehmen und mit Salz und Pfeffer abschmecken. Sauerampfer in feine Streifen schneiden, auf die Teller verteilen, Suppe einfüllen und mit Sauerampfer- und Sauerkleeblättern dekorieren.

Für die Dekoration dünne Möhrenstreifen mit Löchern versehen, Sauerampferblätter durchziehen und zum Krönchen zusammenstecken.

1. Blätter und Stängel erwachsen grundständig der Rosette, die auf einer tief gründenden, ebenfalls genießbaren Pfahlwurzel sitzt. **2.** Die länglichen, leicht bitter schmeckenden Blätter haben eine markante Mittelrippe und einen schrotsägeförmigen Rand. **3.** Verlockend finde ich es, die kleinen Flugschirmchen mit ihrer Samenfracht auf die Reise zu schicken. **4.** Frühlingswiesen, wie ich sie liebe, dank der gelben Strahlkraft des Löwenzahns.

LÖWENZAHN

Kuhblume, Pusteblume, Butterblume, Korbblütlergewächse *Taraxacum officinale, Asteraceae*

Im Rasen ist der Löwenzahn so manchem Gartenbesitzer ein lästiges Kraut. Ich dagegen freue mich jedes Frühjahr darüber, wie er saftig grüne Wiesen mit seinen gelben Blütentupfern überzieht. Als Pusteblumen mit den kleinen Schirmchen ist der Löwenzahn sicherlich jedem Naturkind bekannt.

GENERELL

Pflanze: mehrjährige, bis 40 cm hoch werdende, rosettenartig wachsende und Milchsaft führende Staude. **Blüte:** von April bis Juni, gelber, 26 bis 60 mm Durchmesser großer Blütenstand mit Zungenblüten, endständig auf hohlem, glattem, rundem, bis 30 cm hohem Schaft. **Wurzel:** bis zu 2 m tiefe, rübenartig verdickte Pfahlwurzel. **Früchte:** zu vielen auf dem Blütenboden sitzende, ca. 2 mm lange, schmale Samen mit ca. 5 mal so großem Flugschirm, als „Pusteblume“ bekannt. **Verbreitung:** im gemäßigten Klima der nördlichen Erdkugel weit verbreitet.

VERWENDUNG UND GESCHMACK

Der Löwenzahn ist einer der bekanntesten Bittersalate und reich an Vitamin C, Kalium, Phosphor und Magnesium. Von März bis Juni sind die zarten, leicht nussig und bitter schmeckenden, länglichen **Blätter** des Löwenzahns mit dem stark gesägten Rand eine Delikatesse. Sie bereichern Wildkräutersalate, Rohkostgerichte, Suppen, Eierspeisen oder Kräuterquark. Je jünger und zarter die Blätter, desto geringer ist ihr Bitterstoffanteil. Je größer und älter die Blätter sind, desto kleiner müssen sie geschnitten werden. Legt man sie 1 bis 2 Stunden fein geschnitten in leicht gesalzenes Wasser, reduziert sich die Bitterkeit. Die von April bis Juni erscheinenden **Blüten,** die nur bei Sonne geöffnet sind, eignen sich im knospigen, noch geschlossenen Stadium für Chutneys oder können sauer-pikant eingelegt werden, wie Kapern. Auch Sirup, Likör, Gelee und Wein lässt sich daraus herstellen. Die ausgezupften gelben **Blütenblätter** dienen als essbare Dekoration, Brotaufstrich oder Quarkbeigabe. Aus der **Wurzel** wurde früher wie heute nach Trocknung und Röstung ein kaffeeähnliches Getränk zubereitet. Auch als Gemüse, ist sie wohlschmeckend.

SAMMELORT UND ERKENNUNGSMERKMALE

Der Löwenzahn wächst bevorzugt auf nährstoffreichen Ton- und Lehmböden, auf Wiesen, Äckern und Weiden, an Wegrändern oder auf Unkrautfluren. Selbst an unwirtlichen Standorten, wie brüchigem Asphalt und am verdichteten, steinig-schottrigen Straßenrand bohrt er sich mit seiner ungeheuren Kraft hindurch. Die grundständigen, aus einer Rosette wachsenden Blätter mit den nach unten gerichteten Spitzen sind länglich, schrotsägeförmig und unbehaart. Hinzu kommt, dass Stängel, Blatt und Wurzel einen weißlichen Milchsaft führen. Die glatten Stängel sind hohl und leicht brüchig. Verwechselt werden kann der Löwenzahn mit anderen Pflanzen aus der Familie der Korbblütler, wie zum Beispiel dem Wiesenpippau *(Crepis biennis).* Allesamt sind sie aber nicht giftig und zum Teil auch essbar.

LÖWENZAHN-BRUSCHETTA

Kleine, zarte Blütenknospen, gesalzen und mehrfach gewässert, ergeben einen köstlichen Brotbelag!

ZUTATEN

- 200 g Löwenzahnknospen
- 80–100 g Salz
- 200 g Tomaten
- 1 Zwiebel
- 6 EL Olivenöl
- 3 EL Balsamico-Essig
- Pfeffer
- Baguette

ZUBEREITUNG

Löwenzahnknospen von abstehenden grünen Blättchen befreien, waschen, mit dem Salz vermischen und einen Tag stehen lassen. Am nächsten Tag das Salz mehrfach gut abspülen und große Knospen ein bis zwei Mal durchschneiden. Tomaten klein schneiden, dabei Saft und Kerne entfernen. Zwiebeln fein hacken und alles zusammen mit Essig und Öl vermengen. Mit Pfeffer abschmecken. Auf knusprigen Baguettescheiben anrichten und mit Löwenzahnblütenblättern bestreut servieren.

LÖWENZAHNBLÜTEN-CHUTNEY

Zu Blätterteigtaschen, aber auch zu Käse eine delikate Beigabe.

ZUTATEN

- 250 g Löwenzahnblütenknospen, blanchiert, teilweise gehackt
- 1 Stange Rhabarber
- 1 Birne
- 100 g Rosinen
- 100 g Aprikosen, getrocknet
- 50 g Ingwer
- 1 Zwiebel
- 1 rote Paprika
- 150 g Zucker
- Saft von 1 Orange
- 75 ml Balsamico-Essig, weiß
- 80 ml Apfelsaft mit 1 TL Stärke

ZUBEREITUNG

Früchte und Gemüse gleichmäßig in kleine Stücke schneiden. Löwenzahnblüten und alle anderen Zutaten dazugeben, gut durchmischen und ein bis zwei Tage im Kühlschrank ziehen lassen. In einem weiten Topf unter ständigem Rühren dickflüssig einkochen. Heiß in Schraubverschluss-Gläser füllen und fest verschließen. Nach zwei bis drei Wochen hat sich der Geschmack abgerundet und kann z. B. zu Blätterteigtaschen mit Frischkäse oder Ziegenkäse gereicht werden.

1. Im späten Frühjahr bilden sich an der weiblichen Pflanze die Blütenfäden unterhalb der Blätter, die wie kleine Rispen herunterhängen. **2.** Dicke, hängende Rispen bilden dann die Früchte der weiblichen Brennnessel im frühen Herbst. **3.** Für das Brennnessel-Pesto ernte ich die Früchte mit einer Schere. **4.** Schnell wächst die Brennnessel zu meist dichten Beständen zusammen. Die kreuzgegenständige Anordnung der sich nach oben hin verjüngenden Blattpaare ist gut zu erkennen.

BRENNNESSEL

Große Brennnessel, Brennnesselgewächse *Urtica dioica, Urticaceae*

Meist verachtet und gehasst, ist die Brennnessel mittlerweile eine meiner Lieblingspflanzen. Sie ist sehr gesund, reich an Inhaltsstoffen und lässt sich vielfältig in der Küche einsetzen. Bei meinen Spätsommer- und Herbst-Kräuterwanderungen verblüffe ich meine Freunde und Gäste immer wieder mit einem kleinen Snack aus den nussig schmeckenden Brennnesselfrüchten.

GENERELL

Pflanze: mehrjährig, zweihäusig, bis 1,5 m hoch werdend. **Blätter:** dunkelgrün, spitz-eiförmig bis rundlich, mit Brennhaaren besetzt und gezähntem Rand, kreuzgegenständig an oft vierkantigem, aufrechtem, meist unverzweigtem Stängel. **Blüte:** unscheinbar, grünlich, Juni bis September. **Früchte:** grün, eckig, an 3 bis 8 cm langen hängenden Rispen in den Blattachseln, August bis Oktober. **Verbreitung:** nahezu weltweit, außer südliches Afrika und Polargebiete.

VERWENDUNG UND GESCHMACK

Die oberen Blätter der Triebspitzen werden vor allem im Frühjahr bis Sommer oder als später Neuaustrieb geerntet – wegen der Brennhaare bevorzugt mit Handschuhen. Grundsätzlich lassen sich die **Blätter** wie Spinat zubereiten, finden auch in Gemüsegerichten, Aufläufen, Suppen, Ausgebackenem und als Füllung Verwendung. Fein gehackt dienen die Blätter zur Grünfärbung von Nudelteig oder Eierspeisen. Möchte man Brennnesseln roh im Salat verwenden, sollten sie vorher mit einem Nudelholz überrollt oder sehr fein gehackt werden. Die **Blüten** sind roh im Frühsommer eine schmackhafte Salatbeigabe. Die **Samen** haben einen nussigen Geschmack. Sowohl grüne, im Juli und August, als auch reife Samen im Spätherbst passen getrocknet oder geröstet als Trockengewürz gut zu Käse oder Pasta.

SAMMELORT UND ERKENNUNGSMERKMALE

Die Brennnessel wächst auf humus- und stickstoffreichen Standorten und ist an Wald- und Siedlungsrändern, in Auen, an Komposthaufen sowie an Bach- und Flussläufen zu finden. Sie bildet regelrecht dichte Teppiche und lässt anderen Pflanzen kaum eine Chance. Bereits als Kind macht man mit dieser Pflanze schon seine Erfahrung. Wer kennt sie nicht, die schmerzhaft brennende Wirkung auf der Haut. Auch ihre aufrechten, vierkantigen Stängel mit den kreuzgegenständigen Blattpaaren und den stark gesägten, symmetrischen, spitz zulaufenden, länglich-eiförmigen Blättern, die sich nach oben hin verkleinern, sind eindeutige Erkennungsmerkmale. Zerreißt man den Stängel, zeigen sich lange, bastartige Fasern. Früher wurde aus ihnen ein leinwandähnlicher Stoff, das Nesseltuch, hergestellt. Ähnlich zur Brennnessel ist die Taubnessel *(Lamium)*, die jedoch keine brennenden Haare hat, zerrieben intensiv duftet und ebenfalls genießbar ist.

Mein Tipp: Brennnesseln am frühen Nachmittag bei trockenem Wetter sammeln, weil im Tagesverlauf der Nitratgehalt in der Pflanze abnimmt.

AUSGEBACKENE BRENNNESSELBLÄTTER

Ein Rezept, das ich liebe! Als kleine Fingerfood-Knabberei vorweg oder mit einem Klecks Frischkäse-Dipp. Mit diesen knusprig ausgebackenen Blättern der Brennnessel begeistere ich immer meine Gäste!

ZUTATEN

- 125 g Dinkelmehl
- 250 ml helles Bier
- 1 Ei, getrennt
- 1 EL Olivenöl
- 1 Bio-Zitrone (abgeriebene Schale)
- ½ TL Salz
- Palmfett
- Küchenpapier
- Brennnesselblätter

ZUBEREITUNG

Mehl, Bier, Eigelb und Öl zu einem glatten Teig verrühren, mit Zitronenschale und Salz abschmecken. 30 Minuten quellen lassen. Eiweiß steif schlagen und unter den Teig ziehen. Blätter waschen und trocken schleudern, durch den Teig ziehen und in reichlich Palmfett von beiden Seiten goldgelb ausbacken. Fertige Blätter auf Küchenpapier legen, damit etwas Fett aufgesogen wird. Zum Servieren alle Blätter auf einer großen Platte mit Kräuterdipp (siehe Seite 68) anrichten und mit Blüten garnieren.

BRENNNESSEL-ALIGOT

Ideal als kleine Vorspeise oder vegetarische Beilage zum Hauptgericht.

ZUTATEN

- 500 g fest kochende Kartoffeln
- 200 ml Sahne
- 100 g Brennnesselblätter
- 25 g Butter
- 100 g junger Gouda, gerieben
- 100 g Mozzarella, klein gewürfelt
- Salz
- Pfeffer
- Muskat
- 1 Knoblauchzehe, zerdrückt

FÜR DIE GARNITUR

- Flusskrebsfleisch
- 4 Johanni-Nüsse (Rezept Seite 86), in Scheiben geschnitten
- rosa Pampelmuse, in Schnitzen geschnitten
- in Fett ausgebackene Brennnesselblätter

ZUBEREITUNG

Kartoffeln kochen, pellen und zerstampfen. Die Brennnesselblätter blanchieren, abgießen und pürieren – es sollten 50 Gramm Brennnesselpüree sein. Nach und nach die Sahne und das Brennnesselpüree unter die gestampften Kartoffeln rühren, dann die Butter und den Käse hinzufügen. Die noch warme Masse kräftig und ausdauernd rühren bis der Käse Fäden zieht. Mit den Gewürzen abschmecken. Die Teller mit einer Garnitur aus Pampelmusenschnitzen und Johanni-Nüssen vorbereiten und das Brennnessel-Aligot mit Flusskrebsen garnieren.

BRENNNESSEL-NUDELN

Braucht Vorbereitung. Übrigens: Selbstgemachte Brennnessel-Nudeln sind ein tolles Mitbringsel für liebe Freunde.

ZUTATEN

- 200 g Brennnesselblätter
- 350–400 g Mehl
- 2 Eier
- Salz
- 1 EL lauwarmes Wasser

ZUBEREITUNG

Brennnesselblätter in wenig Wasser ca. zehn Minuten gar kochen. Wasser abgießen, die Masse etwas abkühlen lassen und die Blätter fein hacken. Blätter mit den Eiern und dem Salz fein pürieren bis es breiig ist. Nach und nach so viel Mehl einarbeiten bis ein fester Teig entstanden ist. Den Teig in eine Frischhaltefolie einschlagen und ca. zwei Stunden im Kühlschrank ruhen lassen. Dann auf einer leicht bemehlten Arbeitsfläche dünn ausrollen. Hier ist Ausdauer und Muskelkraft gefragt! Die dünne Nudelplatte in schmale Streifen schneiden und luftig trocknen. Die Nudeln lassen sich frisch oder gut getrocknet (nach ca. zwölf Stunden) verwenden.

Für das luftige Trocknen hänge ich die Nudeln einzeln über Küchenstuhllehnen oder Besenstiele oder forme sie zu runden Nestern.

KNABBERSTANGEN U. A. MIT BRENNNESSELSAMEN

Die Samen von Brennnessel (hellgrün), Mohn (schwarz), Sesam (weiß) und Knoblauchsrauke (dunkelgrün) aromatisieren die Blätterteig-Knabberstangen attraktiv und lecker!

ZUTATEN

- Tiefkühl-Blätterteig (ca. 450 g)
- Samen von Brennnessel, Sesam, Mohn, Knoblauchsrauke
- etwas Salzwasser
- außerdem: Mehl, Backpapier

Blätterteig antauen lassen, auf bemehlten Untergrund legen. Die Oberseite mit Salzwasser bestreichen und nach Belieben die Sämereien darauf verteilen – leicht andrücken und in ca. ein Zentimeter breite Streifen schneiden. Die Streifen in sich drei bis fünf mal verdrehen und auf ein Backblech mit Backpapier legen. Nach Packungsanleitung backen.

PAPRIKADIPP MIT BRENNNESSELSAMEN-PASTE

ZUTATEN

- 150 g Frischkäse
- 30 ml Milch
- 1 rote Paprika, fein gewürfelt
- 1 TL Paprikapulver
- 1 EL Tomatenmark
- 2 EL Brennnesselsamen-Paste (Seite 70)

ZUBEREITUNG

Frischkäse mit Milch verrühren, dann alle anderen Zutaten unterrühren.

KRÄUTERDIPP

ZUTATEN

- 150 g Frischkäse
- 50 g Joghurt
- Salz
- ½ l frische Kräuter, gehackt, je nach Jahreszeit: z. B. Sauerampfer, Knoblauchsrauke, Giersch, Bärlauch, Spitzwegerich, Schafgarbe, Minze

ZUBEREITUNG

Frischkäse mit Joghurt verrühren. Kräuter waschen, trockenschleudern, grobe Stiele entfernen und sehr fein hacken. Unter die Frischkäsemasse ziehen und mit Salz abschmecken. Zur besseren Aromaentfaltung einen Tag vorher zubereiten.

BRENNNESSELSAMEN-PASTE FÜR BLÜTENFÜLLUNG

Eines der blumigsten Rezepte ist dieses. Kapuzinerkresse-, Zucchini-, Malven- oder Nachtkerzenblüten, gefüllt mit der Brennnesselsamen-Paste, sind Augenweide und Gaumenkitzel zugleich.

ZUTATEN

- Brennnesselsamen, Tomaten und Zwiebeln zu gleichen Volumenanteilen
- Olivenöl
- Balsamico-Essig
- Salz
- Blüten von Hibiskus, Eibisch, Malve, Kapuzinerkresse, Gurke, Kürbis, Nachtkerze, Rose usw.

ZUBEREITUNG

Brennnesselsamen in einem Topf anrösten bis sie anfangen zu springen. Dann mit Olivenöl angießen und kross braten. Fein gehackte Zwiebeln zugeben und kurz mitbraten. Die klein geschnittenen Tomaten und Balsamico-Essig zugeben und so lange rühren, bis die Masse eine cremige Konsistenz bekommt. Mit Salz abschmecken. Die Paste in die Blüten füllen.

Diese Paste ist auch sehr gut als Füllmasse für kleine Tomaten geeignet oder lecker auf Brot mit Frischkäse.

1. Der hohe Gehalt an ätherischem Öl macht die Minzen auch für die Nase unverwechselbar. Ein Schnuppererlebnis! **2.** Der Wuchs der Staudenpflanzen variiert je nach Sorte und Art. Typisch ist aber die kreuzgegenständige Anordnung der Blätter am Stängel. **3.** Im blühenden Zustand sind die ährenartigen, meist violetten oder weißen Blütenstände typisch. **4.** Die Minze liebt feuchte und nährstoffreiche Standorte. Oft bilden sich aufgrund ihrer Wüchsigkeit dichte Pflanzungen.

MINZE

Pfefferminze, Lippenblütengewächse *Mentha spec., Lamiaceae*

Verschiedene Minzen haben sich mittlerweile meines kleinen Gartengrundstücks bemächtigt. Meist aus Ablegern gezogen, haben sie wahre Wuchspower entwickelt. Ich liebe ihre ständige Verfügbarkeit für kühlende Minztees, erfrischendes, geminztes Wasser oder für diverse Dressings, Salate oder Dekorationen. Das Spektrum der Minzaromen ist gewaltig!

GENERELL

Pflanze: mehrjährige Staude, ca. 40 cm bis 80 cm hoch werdend. **Blätter:** eiförmig bis spitz länglich, mit glattem, gebuchtetem bis gezähntem Blattrand, Blattadern oft andersfarbig sich abhebend, kreuzgegenständig am Stängel angeordnet. **Blüte:** hellblau, violett, weiß oder rosa, in bis zu 10 cm langen, endständigen, ährenartigen Blütenständen oder blattachsständigen Scheinquirlen, von Juli bis September blühend. **Verbreitung:** auf feuchten, nährstoffreichen Böden, an Bachrändern oder in Gräben, an sonnigem bis halbschattigem Standort. Kultivierte Sorten kreuzen sich draußen zur Wildform zurück.

VERWENDUNG UND GESCHMACK

Von März/April bis zum Frost können die zarten, oberen **Blätter** und **Blatttriebe** der Minze geerntet werden. Ihr minziges Aroma eignet sich als erfrischende Würze für Süßspeisen, Gebäck, Dressings oder Dipps sowie frisch oder getrocknet zur Zubereitung von Tees und Kaltgetränken. Die **Blüten** dienen von Juli bis September als essbare Dekoration für Salate, zu Obst oder Schokoladigem. Hauptinhaltsstoffe verschiedener Minzen ist ätherisches Öl mit Menthol. Am bekanntesten ist der Minzgeschmack in Pastillen oder Kaugummis für frischen Atem oder in Zahnpflegeprodukten.

SAMMELORT UND ERKENNUNGSMERKMALE

Die sich durch unterirdische Ausläufer schnell ausbreitende und häufig größere Flächen einnehmende Minze liebt feuchte, durchlässige, humusreiche Standorte. Insofern assoziiert man sie fast immer mit dem Vorhandensein von Wasser, wie Bächen oder Teichen. Auch in Töpfen lässt sie sich leicht kultivieren, eine gute Wasserversorgung in den heißen Sommermonaten vorausgesetzt. Erkennbar ist die Minze an ihrem typischen Aroma, das sich beim Zerreiben der Blätter schnell entfaltet und neben Menthol auch andere fruchtige Aromen beinhalten kann, wie:

Marokkanische Minze *(M. spicata var. crispa)* – ovale, raue Blätter, süßlich, kühler, milder Mentholgeschmack

Pfeffer- oder Edel-Minze *(M. piperita)* – große, leicht behaarte Blätter, sehr wüchsig, Pfefferminzaroma

Ananas-Minze *(M. suaveolens* 'Variegata') – weiß-bunte Blätter, duftet nach Ananas

Bananen-Minze *(M. arvensis)* – niederliegende Triebe mit zarten Blättern, nach Banane duftend

Erdbeer-Minze *(M. species)* – kleine, weißlich grüne, ovale Blättchen, süßlich-fruchtiges Aroma

Japanische Heilminze *(M. arvensis x spicata)* – dunkelgrüne, dreieckige, spitz zulaufende Blätter, intensiver Mentholduft

MINZ-KRÄUTER-SMOOTHIE

Köstlich an heißen Tagen, erfrischend und gehaltvoll an Vitaminen zugleich. Smoothies aus der Vielfalt der frischen Kräuter sind schnell zubereitet und sollten sofort verkostet werden.

ZUTATEN

- 25 g Giersch
- 25 g Feldsalat
- 6 g Sauerampfer
- 2 g Löwenzahn
- 6 Blättchen Gundermann
- 15 Blättchen Minze
- 6 Blättchen Zitronenmelisse
- ½ reife Banane
- 1 reife Mango
- Saft von 1 Zitrone
- Saft von ½ Orange
- 200 ml Apfelsaft

ZUBEREITUNG

Kräuter waschen, trocken schleudern, klein schneiden. Früchte schälen und grob zerteilen. In einem Mixer alle Zutaten mit etwas Flüssigkeit fein pürieren. Zum Schluss Apfelsaft dazugeben. Unbedingt innerhalb von ein bis zwei Tagen verbrauchen! Fertiges Smoothie im Kühlschrank lagern.

1 GIERSCH
2 GUNDERMANN
3 SAUERAMPFER
4 FELDSALAT
5 LÖWENZAHN
6 ZITRONENMELISSE
7 MAROKKANISCHE MINZE
8 SPEARMINT MINZE
9 CARMAGNOLA-MINZE

MARINIERTER BRIEKÄSE MIT MINZE AUF BEINWELL

Ein Gericht, was als kleiner Sommersnack für zwischendurch, zum abendlichen Wein oder bei einem Menü als Vorspeise dienen kann. Am Vortag zubereitet und gut durchgezogen, schmeckt's am besten.

ZUTATEN

- 300 g Briekäse
- 100 ml Olivenöl
- 100 ml Wasser
- 50 ml Zitronensaft
- 2 Knoblauchzehen
- ½ Zitrone, unbehandelt
- Zucker
- Salz
- Pfeffer, frisch gemahlen
- 5 Stängel Minze
- je 3 Stängel Dost, Majoran, Oregano
- 10–20 Beinwellblätter

ZUBEREITUNG

Briekäse in mundgerechte Stücke schneiden. Beinwellblätter waschen und die dicke Mittelrippe mit einem Küchenmesser flach abschneiden. Kräuter waschen und fein hacken. Olivenöl, Wasser und Zitronensaft zu einer Marinade verrühren, mit Zucker, Salz und Pfeffer abschmecken. Knoblauchzehen in feine Scheibchen schneiden. Zitronenschale dünn abschälen und in feine Streifen schneiden, beides in die Marinade geben. Eine flache Schüssel mit Beinwellblättern auslegen, darauf eine Lage Briekäse geben und ein Drittel der gehackten Kräuter drüberstreuen, mit etwas Marinade übergießen. Mit der nächsten Schicht genauso verfahren. Zum Schluss restliche Marinade übergießen. Über Nacht im Kühlschrank ziehen lassen. Dann zu frischem Baguette servieren.

NUDELN MIT MINZE, ZUCCHINI UND FETA

Meine Lieblingspasta, wenn's unkompliziert und schnell zugehen soll. Die Minze ergänzt sich hierbei wunderbar zum Fetakäse.

ZUTATEN

- 400 g Pasta (Orichietti oder andere Formen, gerne auch Spaghettini)
- 2 mittelgroße Zucchini
- Salz
- Pfeffer
- etwas Knoblauch
- Olivenöl
- 250 g Fetakäse
- 8 Stängel Minze

ZUBEREITUNG

Pasta in kochendem Salzwasser al dente kochen. Zucchini in Scheiben, Fetakäse in Würfel und Minze in feine Streifen schneiden. Öl in einer Pfanne erhitzen und Zucchinischeiben beidseitig darin bräunen. Mit Salz, Pfeffer und wenig Knoblauch abschmecken. Zum Schluss gewürfelten Fetakäse und fein geschnittene Minze kurz mit in die Pfanne geben, ein-, zweimal umrühren und sofort über die auf vorgewärmten Tellern verteilte Pasta geben. Eventuell noch einige Minzeblätter hinzufügen.

CELIAS MINZE

SCHWARZE MINZE

ANANAS-MINZE

SPEARMINT-MINZE

BANANEN-MINZE

ERDBEER-MINZE

APFEL-MINZE

CARMAGNOLA-MINZE

GRAPEFRUIT-MINZE

HEIL-MINZE

MANDARINEN-MINZE

MAROKKANISCHE MINZE

ORANGEN-MINZE

SCHOKO-MINZE

GEMINZTE ANANAS-MUFFINS

Schnell gemacht und beliebt bei Jung und Alt! Mein besonderer Clou dabei sind die aus Backpapier selbstgemachten Muffinförmchen, in Mini-Weckgläsern gebacken.

ZUTATEN MUFFINS

- 1 Dose Ananasstücke (Abtropfgewicht 340 g)
- 200 g Mehl
- 1 Päckchen Backpulver
- 100 g Zucker
- 2 Päckchen Vanillezucker
- 200 g Joghurt
- 80 g Butter, geschmolzen
- 2 TL Minzeblätter, fein gehackt
- 1 Prise Salz
- 2 Eier

ZUTATEN GARNITUR

- 50 g Zucker
- 1 Handvoll Minzeblättchen

ZUBEREITUNG

Ananasstücke in einem Sieb abtropfen lassen, Saft auffangen. Mehl und Backpulver mischen. Zucker und Vanillezucker mit Joghurt, Butter, Minzeblätter und Salz verquirlen. Eier einrühren, dann Mehlmischung und die Ananasstücke zügig unterheben. Backofen auf 160 °C (Umluft) oder 180 °C (Ober-/Unterhitze) vorheizen. Muffinblech buttern oder Papierförmchen einsetzen, mit der Masse befüllen und 20 bis 25 Minuten auf mittlerer Schiene backen. Für die Garnitur Zucker mit Minze vermörsern. Die heißen Muffins mit Ananassaft bepinseln und mit dem Minzezucker bestreuen. Fünf Minuten ruhen lassen, dann aus der Backform herausnehmen und auf einem Kuchengitter auskühlen lassen.

Für die selbstgemachten Papierförmchen schneide ich ca. 20 mal 20 Zentimeter grosse Quadrate aus Backpapier aus und platziere diese in kleine, feuerfeste Glasförmchen.

MINZE-ERDBEER-LIKÖR

Einfach köstlich! Als Aperitif bei der Sommergartenparty ein wahrer Muntermacher!

ZUTATEN

- 200 g Erdbeeren
- 3 Stängel Minze
- 30 g weißer Kandis
- 500 ml Obstler
- 2 EL Blütenhonig

ZUBEREITUNG

Erdbeeren waschen und klein schneiden, Minze waschen und Stängel mit Blättern grob hacken. Bis auf den Honig alles in einer Flasche (750 Milliliter) mit großer Öffnung ansetzen. 14 Tage im Hellen ruhen lassen. Dann Likör abfiltern (z. B. durch Kaffeefiltertüte), Honig zugeben und eine weitere Woche stehen lassen. Fertig!

1. Zeitgleich mit den Blattknospen entwickeln sich die Blütenknospen. Der Walnussbaum ist einhäusig, aber getrennt geschlechtlich, das heißt, dass sowohl weibliche als auch männliche Blüten auf demselben Baum sitzen. **2.** Die heranreifenden, grünschaligen Früchte sitzen oft paarweise zwischen den unpaarig gefiederten Blättern. **3.** Ist der Samen reift, platzt die Fruchtschale auf und gibt die braune, gefurchte Walnuss frei. **4.** Typisch für den Walnussbaum ist, dass er meist als Solist auf Wiesen oder an Feldrändern zu finden ist.

WALNUSS

Echte Walnuss, Welschnuss, Baumnuss, Walnussgewächse *Juglans regia, Juglandaceae*

Woran denken Sie, wenn es um die Walnuss geht? Bestimmt an die reifen Nüsse, die ab dem Herbst geerntet und zur Weihnachtszeit geknackt und gegessen werden. Aber was ist mit den jungen, grünen Nüsse? Ich warte jedes Jahr sehnsüchtig auf die Zeit vor dem 24. Juni (Johannistag), dann können sie geerntet werden, deshalb werden sie auch Johanni-Nüsse genannt. In der grünen Schale sind die späteren Nüsse fertig ausgebildet, aber noch nicht verholzt, so dass die ganze Nuss gut zu verarbeiten ist. Nun verwandelt sich meine Küche in einen Ort mit vielen Gläsern und Töpfen, wo über zwei Wochen die schmackhaftesten Köstlichkeiten entstehen. Außerdem verströmen die Blätter und Früchte einen herrlich frischen, zitrusähnlichen Duft, der nebenbei auch Insekten vertreibt.

GENERELL

Pflanze: bis zu 25 m hoch und 160 Jahre alt werdender Laubbaum mit großen gefiederten Blättern. **Blüte:** männliche Blüte zu mehreren als Kätzchen, weibliche zu wenigen in Blütenständen, im April bis Juni. **Früchte:** grün, glattschalig mit stark gefurchter Nuss als Samen im September. **Verbreitung:** südliches und mittleres Europa, in Bergen bis 2.000 m Höhe.

VERWENDUNG UND GESCHMACK

Die grünen Bestandteile der Walnuss sind gerbstoffhaltig und haben einen leicht bitteren bis pfeffrig-scharfen Geschmack. Der Samen, der im reifen, getrockneten Zustand als Walnuss bezeichnet wird, ist roh genossen eine köstliche Knabberei. Gemahlen und geröstet bereichert er Backwerk, Desserts, Soßen uvm., gepresst liefert der Nusssamen ein hochwertiges Speiseöl für Salate. Die jungen, unreifen Früchte, Ende Juni geerntet, eignen sich für Tapenade, Chutney oder für Eingelegtes. Und sie liefern den Grundstoff zur Herstellung von Bitterlikören oder aromatisierten Weinen.

SAMMELORT UND ERKENNUNGSMERKMALE

Der markante, sommergrüne Walnussbaum wächst vor allem in wintermilden, feuchtwarmen Regionen, bevorzugt in Auen- und Hangwäldern. Beliebt ist er im landwirtschaftlichen Bereich als Gartenbaum oder als einzeln stehender Baum in Feld und Flur. Er ist durch seine unpaarig gefiederten, bis 30 cm großen, saftig grünen Blätter mit sieben bis neun elliptisch geformten Fiederblättchen gut zu erkennen. Beim Zerreiben verströmen die Blätter einen aromatischen Duft. Spätestens ab Juni lassen sich die oft zu zweit oder dritt an den Zweigen sitzenden rundlichen, 3 bis 5 cm im Durchmesser messenden grünen, glattschaligen Früchte ausmachen. Sie springen ab Ende August auf und geben ihre braunen Samen, die rundlich bis oval walzenförmigen Walnüsse mit der typischen gefurchten, bis 2,5 mm dicken Schale, frei.

SÜSSE JOHANNI-NÜSSE

Grün eingelegt, wechseln die Früchte der Walnuss bald ihre Farbe zu fast schwarz und nehmen die Aromen der Gewürze in der Zuckerlösung an. Zu Süßspeisen wie Panna Cotta oder Eis einfach köstlich!

ZUTATEN

- 500 g grüne Walnüsse

ZUTATEN SUD

- 500 g Zucker
- 250 ml Wasser
- ½ Zimtstange
- 3 Nelken
- 10 Pimentkörner
- ½ Zitrone, unbehandelt, kleingeschnitten

ZUBEREITUNG

Walnüsse vor dem 24. Juni sammeln. Mit einer Stopfnadel mehrmals einstechen, in ein hohes Glas füllen und eine Woche lang mit täglichem Wasserwechsel wässern. In frischem Wasser die Nüsse in ca. 30 Minuten weichkochen und abgießen. Zurück ins Glas geben. Aus den übrigen Zutaten einen Sud kochen und heiß über die Walnüsse gießen. Drei Tage ziehen lassen. Den Sud in einen Topf gießen, erneut aufkochen und wieder über die Walnüsse geben. Nochmal drei Tage stehen lassen. Dann die Nüsse im Sud aufkochen, in Gläser füllen und mit dem Sud übergießen, so dass die Nüsse bedeckt sind. Gläser sofort fest verschließen. Vor dem ersten Öffnen sechs Monate durchziehen lassen.

WALNUSS-TAPENADE

Mit etwas Zeit und Aufwand bereite ich aus Johanni-Nüssen eine stets verfügbare Leckerei zu, die ideal als Fingerfood-Häppchen oder zu Käse passt. Mit einem schönen Etikett versehen, verschenke ich Tapenaden auch gerne, da sie lange haltbar sind.

ZUTATEN SALZLAKE

- 1 l Wasser
- 250 g Meersalz

ZUTATEN TAPENADE

- 1 kg grüne Walnüsse
- 200 ml Olivenöl
- 100 ml Rotweinessig
- 50 g Tomatenmark
- 400 g Tomaten, gehäutet, entkernt, klein gewürfelt
- 1 Zwiebel, fein gewürfelt
- 1 TL Pfefferkörner, gestoßen

ZUBEREITUNG

Walnüsse vor dem 24. Juni sammeln. Mit einer Stopfnadel mehrmals einstechen, in ein hohes Glas füllen und eine Woche lang mit täglichem Wasserwechsel wässern. Wasser abgießen. Aus Wasser und Salz eine Salzlake kochen, über die Nüsse geben und eine Woche stehen lassen. Salzwasser abgießen, mit frischem Wasser eine Woche wässern, abgießen. Die Nüsse ausgelegt einen Tag trocknen lassen. Walnüsse sehr fein hacken, in Olivenöl mit den Tomaten und der Zwiebel andünsten. Dann Rotweinessig, Tomatenmark und Pfeffer dazugeben und bei kleiner Hitze musartig einkochen. Die Tapenade in Gläser füllen und fest verschließen. Vor dem ersten Öffnen drei Monate durchziehen lassen

FINGERFOOD MIT WALNUSS-TAPENADE

Wenn sich spontan Gäste ansagen, sind diese Fingerfood-Häppchen zum Begrüßungsaperitif schnell zubereitet. Vorausgesetzt, Sie haben rechtzeitig die Tapenade eingemacht.

ZUTATEN

- 4 mittelgroße Champignons
- 4 Cherry-Tomaten
- 2 Scheiben Vollkorn-Toast
- Parmesan
- Thunfisch im eigenen Saft
- Walnuss-Tapenade

ZUBEREITUNG

Champignons abbürsten, Stiele entfernen, auf der Hutseite kurz in Butter anbraten und mit der Tapenade füllen. Tomaten waschen, einen Deckel abschneiden, aushöhlen und mit der Tapenade füllen. Die Toastscheiben toasten, vierteln, mit geraspeltem Parmesan oder Thunfisch belegen und mit etwas Tapenade toppen. Auf einer flachen Platte servieren.

WALNUSS-LIKÖR

Je länger der fertige Likör steht, umso vollmundiger wird der Geschmack.

ZUTATEN

- 10 grüne Walnüsse
- 150 g Zucker
- 2 Nelken
- 1 Zimtstange
- ½ Zitrone, in Scheiben geschnitten
- 375 ml Obstler

ZUBEREITUNG

Die Nüsse waschen, in Scheiben schneiden und in ein großes Gefäß füllen. Erst die festen Zutaten dazugeben, dann alles mit dem Obstler übergießen. Gefäß verschließen. Wöchentlich einmal kräftig schütteln, 60 Tage stehen lassen. Die Flüssigkeit färbt sich langsam tiefdunkelgelb. Abseihen und in schöne Flaschen füllen.

WALNUSS-WEIN

Als Geschenk oder zum Selbergenießen.

ZUTATEN

- 3 grüne Walnüsse, 2 Tage gewässert
- 100 g Zucker
- 2 Nelken
- ½ Vanillestange
- 1 Sternanis
- 400 ml Rotwein (z. B. Merlot)
- 100 ml Obstler
- 100 ml Wasser

ZUBEREITUNG

Die Walnüsse halbieren oder vierteln und mit allen anderen Zutaten in ein großes Gefäß geben. Verschließen, gut durchschütteln und 40 Tage durchziehen lassen. Durch ein Passiertuch seihen und in schöne Flaschen füllen.

Walnuss
Likör
Walnuss
Wein

1

2

3

4

1. Eine wahre Delikatesse! Der Knospenstand im Frühjahr ergibt ein köstliches Gemüse. Geschmacklich erinnert dies an eine Mischung aus Brokkoli und Sellerie. **2.** Ein Prachtexemplar! An feuchten, schattigen, nährstoffreichen Standorten kann der Wiesen-Bärenklau auch mal „frauhoch" werden. **3.** Auffallend an dem Blütenstand des Wiesen-Bärenklaus ist, dass die äußeren Blüten größer sind als die inneren und die Blütenblätter deutlich gelappt sind. **4.** Auf Wiesen und an lichten Wegrändern fühlt sich der Wiesen-Bärenklau besonders heimisch.

WIESEN-BÄRENKLAU

Wiesen-Bärenklau, Doldenblütler *Heracleum sphondylium, Apiaceae*

Viele meinen, auch der Wiesen-Bärenklau sei gefährlich. Diesen Ruf hat er seinem aus dem Kaukasus stammenden Verwandten, dem Riesen-Bärenklau bzw. der Herkulesstaude *(Heracleum mantegazzianum),* zu verdanken. Bei ihm kommt es nachweislich bei Hautkontakt mit dem Pflanzensaft und Sonneneinstrahlung zu starken Verbrennungserscheinungen. Dieses Potenzial hat unser heimischer Wiesen-Bärenklau nicht. Stattdessen zählt er zu den schmackhaftesten Wildpflanzen in der Wildpflanzenküche.

GENERELL

Pflanze: bis 1,5 m groß werdende, ausdauernde, Staude mit aufrechtem, kantig-gefurchtem, borstig behaartem, hohlem Stängel, in der oberen Hälfte verzweigt. **Blätter:** im vorderen Bereich an eine Bärentatze erinnernd, fast ungeteilte oder drei- bis vierfach gelappte bis fiederteilige Blätter, bis 60 cm lang werdend, weich behaart. **Blüte:** Mai bis September, unangenehm stark duftend, weiß, cremefarben oder grünlich-weiß, endständig in abgeflachter Doppeldolde. Randblüten deutlich größer als die inneren. **Früchte:** Juli bis Oktober, um 8 mm lang, breit-eiförmig, flach, dünn gerippt. **Verbreitung:** in ganz Europa, besiedelt Wiesen, Weg- und Waldränder.

VERWENDUNG UND GESCHMACK

Blätter und Blattstängel des Wiesen-Bärenklaus können von April bis September geerntet werden. Die jungen, zarten **Blätter** haben von April bis Mai oder nach Neuaustrieb ein ganz besonders feines Aroma, das an Möhren, Sellerie oder auch an Gurken erinnert. Sie eignen sich roh und fein geschnitten hervorragend in Salaten. Größere und festere Blätter bereichern Aufläufe, Soufflés oder Quiches und sind auch überbacken eine Delikatesse. Die dicken, knackigen und fleischigen **Blattstängel** werden abgeschrubbt und mögliche Fasern abgezogen, dann lassen sie sich ebenfalls roh zu Salaten oder gedünstet als Gemüse wie Mangold oder Spargel einsetzen. Die **Blütenknopsen** sind besonders aromatisch, sie eignen sich als Rohkost zu Dipps, als Brotbelag oder als Beigabe zu Salaten. Gedünstet sind sie, ähnlich wie Brokkoli, eine Köstlichkeit. Allerdings sollten noch geschlossene Blüten besonders gründlich gesäubert werden, da sich darin oft kleine Tiere befinden. Die noch unreifen grünen, aromatischen **Samen** würzen Süßspeisen, reife Samen sind dagegen recht scharf.

SAMMELORT UND ERKENNUNGSMERKMALE

Vor allem seine Höhe und die wenig oder grob geteilten, weich behaarten Blätter sowie die flachen robusten Blütenstände fallen sofort auf. Empfindliche Menschen sollten beim Ernten Handschuhe tragen, da es manchmal zu allergischen Hautreaktionen kommen kann. Verwechselt werden könnte der Wiesen-Bärenklau im Jungstadium mit dem Riesen-Bärenklau *(Heracleum mantegazzianum),* der allerdings eher spitz zulaufende Blätter aufweist, die nur unterseits kurz behaart sind, und der ausgewachsen bis zu 5 m hoch werden kann.

WIESEN-BÄRENKLAU-STÄNGELSALAT AN RÜHREI

Ein Rezept, welches immer wieder Erstaunen darüber auslöst, wie zart und lecker diese eigentlich kratzigen Stängel sein können.

ZUTATEN

- 80 g Wiesen-Bärenklau-Blattstängel

ZUTATEN DRESSING

- 6 EL Distelöl
- 8 TL Zitronensaft
- ½ TL Dillspitzen
- 1 Prise Salz

ZUTATEN RÜHREI

- Öl für die Pfanne
- 4 Eier, verschlagen
- Salz
- Pfeffer

ZUBEREITUNG

Wiesen-Bärenklau-Blattstängel am besten mit einem Stahlschwamm unter fließendem Wasser abschrubben, bis die Oberfläche glatt ist. Grobe Fasern vom Blattende her abziehen, dann quer zur Faser in dünne Scheiben schneiden. Dressingzutaten anrühren und über die Wiesen-Bärenklau-Stängel geben. Öl erhitzen und die Eier unter gelegentlichem Rühren stocken lassen. Auf vier Teller verteilen und mit dem Wiesen-Bärenklau-Stängel-Salat anrichten.

WIESEN-BÄRENKLAU-LASAGNE

Diese Lasagne schmeckt so herzhaft lecker, dass meine Gäste manchmal nicht glauben, dass sie vegetarisch ist.

ZUTATEN LASAGNE

- 200 g Wiesen-Bärenklau
- 200 g gemischte Kräuter wie Beinwell, Sauerampfer, Giersch, Brennnesseln
- 100 g Spinat
- 100 g Porree
- 1 EL Butter
- 1 Dose Tomaten, geschält (400 g Inhalt)
- 2 Kugeln Mozzarella (250 g)
- Salz
- Pfeffer
- 160 g Lasagneplatten (ohne Vorkochen)
- 100 g Parmesan, frisch gerieben

ZUTATEN BECHAMELSOSSE

- 75 g Butter
- 50 g Maismehl oder Vollkornmehl
- 500 ml Milch
- Muskat

ZUBEREITUNG

Wildkräuter waschen, trocknen und fein hacken. Lauch putzen, waschen, in feine Streifen schneiden und in einem Esslöffel Butter andünsten. Kräuter dazugeben und zusammenfallen lassen. Tomaten klein schneiden und unter die Kräuter mischen. Offen bei mittlerer Hitze etwa 15 Minuten köcheln lassen, mit Salz und Pfeffer abschmecken. Für die Bechamelsoße Butter schmelzen und Mehl darin anschwitzen. Milch unter Rühren dazugießen und die Soße ca. zehn Minuten bei schwacher Hitze köcheln lassen, mit Muskat abschmecken. Mozzarella in kleine Würfel schneiden. Den Backofen auf 180 °C vorheizen. Eine gefettete, feuerfeste Form mit Nudelplatten auslegen, einen Teil der Kräutersoße darübergeben, mit Mozzarella und Parmesan bestreuen und mit Bechamel übergießen. Die Schichten wiederholen, mit Bechamelsoße enden. Lasagne im Ofen (Mitte, Umluft 160 °C) etwa 40 Minuten backen, bis sie weich und gebräunt ist.

Die Doldenstrahlen des Wiesen-Bärenklaus nehmen gerne eine Blüte auf, die dann wie schwebend über dem Essen ruht.

WIESEN-BÄRENKLAU-KNOSPEN ZU FILET AUF KRÄUTERSTROH

Das Gemüse zum Fleisch mit dem Kräuteraroma ist eine außergewöhnliche Komposition.

ZUTATEN WIESEN-BÄRENKLAU-KNOSPEN

- 60 g Wiesen-Bärenklau-Knospen
- Salz
- Muskat
- 2 EL Butter

ZUTATEN FILET AUF KRÄUTERSTROH

- 4 Rinderfiletscheiben à ca. 150 g
- 1 EL Öl
- Getrocknetes z. B. Dost, Rosmarin, Thymian, Johanniskraut, Schafgarbe

ZUBEREITUNG WIESEN-BÄRENKLAU-KNOSPEN

Knospen waschen und in Salzwasser kurz blanchieren (ein bis zwei Minuten). Abtropfen lassen, in flüssiger Butter schwenken. Mit Salz und Muskat würzen.

ZUBEREITUNG FILET AUF KRÄUTERSTROH

Backofen auf 220 °C vorheizen. Filets mit Öl einpinseln, von allen Seiten jeweils eine Minute scharf anbraten. Die Auflaufform großzügig mit getrockneten Kräutern auslegen und die angebratenen Filets darauf legen. Aus dem Brotteig eine lange Wurst formen, auf den Rand der Form drücken und mit dem Deckel verschließen. Sieben Minuten im Ofen garen. Ofen ausstellen, noch drei Minuten nachziehen lassen, dann herausnehmen und weitere fünf Minuten ruhen lassen. Wegen der Kräuteraromen die Form erst am Tisch öffnen.

BROMBEER-HOLUNDERSOSSE

ZUTATEN

- jeweils 100 g Brombeeren, Holunderbeeren und Apfel
- 1 Stück Ingwer, frisch, kirschgroß
- 1 Zimtstange
- ¼ Zitrone, unbehandelt
- 30 g Zucker
- 2 EL Balsamico-Essig
- 50 ml Rotwein
- 30 g Butter

ZUBEREITUNG

Brombeeren und Holunderbeeren verlesen, waschen, gut abtropfen lassen, entkelchen und entstielen.
In einen Topf geben und leicht zerdrücken. Apfel waschen, schälen, vierteln, das Kerngehäuse entfernen und fein würfeln. Alles zusammen zugedeckt ca. zehn Minuten kochen lassen. Durch ein Sieb streichen und das Fruchtmark dabei auffangen. Ingwer schälen und fein raspeln, mit Zimtstange, abgeriebene Zitronenschale, Zucker, Essig und Rotwein zum Fruchtmark geben und unter ständigem Rühren zu einer dicklichen Masse einkochen. Zimtstange entfernen. Vor dem Servieren die Butter kräftig in die Soße einrühren.

BROTTEIG

ZUTATEN

- 5 g Hefe
- 50 ml lauwarmes Wasser
- 100 g Dinkelmehl
- 1 Prise Salz

ZUBEREITUNG

Hefe in lauwarmen Wasser verrühren. Mehl in eine Schüssel geben, eine Mulde formen und das Hefewasser einrühren. Salz zugeben und so lange von Hand kneten bis ein elastischer Teig entstanden ist. Eine Kugel formen, abgedeckt in einer Schüssel eine Stunde gehen lassen. Nochmals durchkneten, dann weiter verarbeiten.

1

2

3

4

1. Am einfachsten ist es, sowohl die Blüten- als auch später die Fruchtstände statt mit einem Messer mit einer guten Schere zu ernten. Ich nehme dazu am liebsten eine Garten- oder Rosenschere. **2.** Die im Mai erscheinenden weißen Blütendolden werden für die Herstellung von Blütensirup oder -limonaden geerntet. **3.** Ab August sind die sich schwarz färbenden Beeren in ihren zum Boden geneigten Dolden weithin sichtbar. Auch ihre Zweige färben sich rötlich. **4.** Typischer Standort eines Holunders in der Nähe von Besiedlung im ländlichen Raum.

HOLUNDER

Schwarzer Holunder (Holler), Moschuskrautgewächse *Sambucus nigra, Adoxaceae*

Der Holunder, in unseren Breiten häufig anzutreffen, rückt wieder verstärkt in das Bewusstsein vieler Menschen. Sie entdecken die köstlichen Seiten dieses Strauches, der uns gleich zweimal im Jahr mit seinen Annehmlichkeiten beglückt. Aber Achtung: Die Beeren sollten nicht roh gegessen werden, gekocht sind sie völlig unbedenklich.

GENERELL

Pflanze: verholzender, bis zu 15 m hoch und etwa 20 Jahre alt werdender, sommergrüner Strauch oder Baum. **Blätter:** ab März gegenständig, unpaarig gefiedert mit meist neun elliptischen, gesägten, zugespitzten, ca. 12 cm langen Fiederblättchen. **Blüte:** ab Mai doldenartige Blütenstände mit bis zu hundert rundlichen, ca. 5 mm großen Einzelblüten mit weißen bis cremefarbenen Blütenblättern. **Früchte:** ab August beerenähnliche, runde, schwarze, ca. 5 mm große Steinfrüchte an doldenartigem Fruchtstand. Ihre Stielchen färben sich bei Fruchtreife rötlich. **Verbreitung:** in ganz Mitteleuropa.

VERWENDUNG UND GESCHMACK

Alle Pflanzenbestandteile, außer den Blüten, enthalten das schwachgiftige Sambunigrin. Beim Erhitzen wird es unwirksam und so steht der Verwendung der Beeren in der Küche nichts im Wege. Die **Blütendolden** lassen sich in Holunderpfannkuchen oder -küchlein einbacken. Aufgrund ihres aromatischen, süßlichen Geschmacks werden sie zur Herstellung von Limonade, Sirup und Holundersekt verwendet. Die schwarzen **Früchte,** auch Fliederbeeren genannt, sind reich an Vitamin C sowie Kalium. Aus ihnen lässt sich köstlicher Saft, Essig oder Wein herstellen. Der Saft selbst ist dunkelrot und stark färbend und dient daher gerne als Basis natürlicher Lebensmittelfarbe. Ganze Beeren kocht man zur Fliederbeerensuppe oder Roter Grütze. Der leicht säuerliche Geschmack der Holunderfrüchte passt gut zu Äpfeln, mit denen sie oft gemeinsam zu Marmelade oder Gelee verarbeitet werden.

SAMMELORT UND ERKENNUNGSMERKMALE

Der Holunder ist häufig, jedoch meist vereinzelt anzutreffen. Er wächst gerne im Halbschatten auf Unkraut- und unbewirtschafteten Flächen, in Siedlungsnähe, an Waldlichtungen und Wegrändern. Gut zu erkennen ist er an seinem bogig, ausladend geneigten Wuchs und den ca. 30 cm langen unpaarigen Fiederblättern. Im Frühjahr ist er mit den tellerförmigen, weißen Blütenständen mit dem aromatischen Duft, später im Hochsommer mit den schwarzen, dem Boden zugeneigten doldenartigen Beerenständen übersät. Ohne Blüten- oder Fruchtbesatz lässt sich der Baum durch das Zerreiben der Blätter identifizieren, diese riechen aromatisch nach Blüten. Typisch für die graubraune Rinde ist die Vielzahl heller Erhebungen. Verwechslungsgefahr besteht mit dem an ähnlichem Standort wachsenden giftigen Zwergholunder *(Sambucus ebulus).* Im Gegensatz zum Holunder ist er eine krautig wachsende, nicht verholzende Pflanze.

AUSGEBACKENE HOLUNDERBLÜTEN

Ein Gedicht! Das Gericht zum Frühsommer! Ich stelle am liebsten dazu meinen mobilen Einplattenherd auf die Terrasse und backe die Küchlein im Freien aus! Von der Platte direkt auf den Tisch, meine Sommergäste lieben es!

ZUTATEN

- 10–12 Holunderdolden
- Puderzucker
- frisches Obst
- Rosenblütenblätter

ZUTATEN TEIG

- Frittierfett
- 1 Eigelb
- 100 ml eiskaltes Wasser
- 60 g gesiebtes Mehl
- ½ TL Backpulver
- 1 TL Stärke

ZUBEREITUNG

Holunderdolden durch den Teig ziehen, etwas abtropfen lassen, in heißes Frittierfett geben und dabei etwas aufstoßen, damit sich die Blüten gut im Fett verteilen. Goldgelb ausbacken. Mit Puderzucker bestreuen und auf mit Obst und Rosenblütenblättern dekorierten Tellern servieren.

Holunderblüten nie waschen,
denn den typischen Geschmack
liefern die Blütenpollen.

HOLUNDERBLÜTEN-SIRUP

Der Klassiker für den Frühsommer!

ZUTATEN

- 40–50 Holunderblütendolden
- 3 l Wasser
- 3 kg Zucker
- 50 g Weinsäure (aus der Apotheke)
- 3 Zitronen, unbehandelt

ZUBEREITUNG

Zucker in Wasser auflösen, die Weinsäure dazu geben, einmal aufkochen und etwas abkühlen lassen. Grobe Stängel der Dolden abschneiden und in ein großes Gefäß geben. Mit der noch warmen Flüssigkeit übergießen. Die Zitronen in Scheiben schneiden und auf die Blüten legen, so dass alles mit dem Zuckerwasser bedeckt ist. Das Gefäß abdecken und drei bis fünf Tage an einem kühlen Ort ziehen lassen. Dann abseihen, aufkochen und in Flaschen füllen. Nach dem Öffnen im Kühlschrank aufbewahren und bald verbrauchen.

HOLUNDERBEEREN-SUPPE

Schon lange freue ich mich auf diese Fruchtsuppe. An einem heißen Tag als Kaltschale oder als warmes Dessert gereicht – in jedem Fall eine wahre Köstlichkeit!

ZUTATEN BEERENSUPPE

- 2 kg Holunderbeeren
- 2 l Wasser
- Schale einer Zitrone
- 2 Stückchen Zimtstange
- 5 säuerliche Äpfel
- 1 Prise Salz
- 250 g Zucker
- 50 g Speisestärke

ZUTATEN GRIESSKLÖSSCHEN

- ½ l Milch
- 60 g Butter
- Salz
- 2 EL Zucker
- 200 g Grieß
- 4 Eier

ZUBEREITUNG

Holunderbeeren waschen, Früchte von den Dolden zupfen, ins kochende Wasser geben. Mit Zitronenschale und Zimt zehn Minuten kochen lassen und durch ein Sieb streichen. Den Saft mit den geschälten, entkernten und in Schnitzen geschnittenen Äpfeln, einer Prise Salz und dem Zucker aufkochen. Speisestärke mit kaltem Wasser anrühren und die Suppe damit binden. Für die Grießklößchen Milch mit Butter, Salz und Zucker aufkochen, den Grieß unter Rühren hineinrieseln lassen, dann die Eier unterrühren. Klößchen abstechen, etwa zehn Minuten in der Suppe ohne zu kochen ziehen lassen.

1. Typischer Wuchs des Wegerichs. Die Blütentriebe erheben sich ca. 30 cm über den Blättern, die je nach Standort aufrecht stehen oder bodennahe Rosetten bilden. **2.** Blütenähren im knospigen, blühenden und reifen Zustand. **3.** Ich liebe diese Pflanze, die über einen langen Zeitraum gesammelt werden kann. **4.** Der Wegerich ist an Wiesen- und Wegrändern zu finden in Vergesellschaftung mit Gräsern.

SPITZWEGERICH

Spitzwegerich, Wegerichgewächse *Plantago lanceolata, Plantaginaceae*

Der deutsche Name Wegerich deutet bereits auf seinen bevorzugten Standort an Wegen hin. Der Wegerich ist widerstandsfähig, denn selbst auf befahrenen oder begangenen Wegen fühlt er sich wohl. Er erregte bereits zu Kinderzeiten meine Aufmerksamkeit als Wahrsagepflanze. Zerreißt man gemeinsam ein Blatt, hat jener Recht, bei dessen Blattseite die faserigen Blattnerven weniger weit hinausragen. Mein Tipp: Bei verschiedenen Fußbeschwerden auf Wanderungen ist der Breitwegerich mein Sofort-Heilmittel. Ich lege ein paar Blätter direkt auf die betroffenen Hautstellen, ziehe wieder Socken und Wanderschuhe an und freue mich über die kühlende und schmerzlindernde Wirkung. Oder bei Insektenstichen und -bissen zerreibe ich vier bis fünf Spitzwegerichblätter in den Händen bis sie deutlich Feuchtigkeit abgeben, diesen Saft tupfe ich auf den Stich. Bei mir hilft es wunderbar.

GENERELL

Pflanze: ausdauernde, grundständig rosettenbildende, mehrjährige Staude, ca. 20 cm breit und mittels ihrer blattlosen Blütentriebe ca. 30 cm hoch werdend. **Blätter:** kurz gestielt, schmal, länglich mit deutlich parallel laufenden Nerven. **Blüte:** grün-bräunliche, kolbenartige Ähre mit langen weißlichen Staubfäden, Mai bis August. **Früchte:** 2 mm große, eiförmige Samen, Juli bis Oktober.

VERWENDUNG UND GESCHMACK

Von den Blättern über die Knospen bis zu den Samen ist diese Pflanze in der Küche verwendbar. Ihr Geschmack erinnert an frische Pilze. Die jungen zarten **Blätter** können von April bis Juni geerntet werden, vorzugsweise sammelt man sie aus der Rosettenmitte heraus. Sie sind sehr gesund, da Vitamin-C-haltig und können roh verarbeitet werden, z. B. in Kräuterquark und -butter. Für die Verwendung zu Gemüsen und Salaten sollte man sie quer zur Faser zerschneiden. Gekocht wie Spinat geben sie Rührei oder Omeletts einen intensiven Geschmack. Ausgebacken in Öl mit Knoblauch sind sie eine Delikatesse und lassen sich so als Dekoration bei anderen Gerichten verwenden. Die **Blütenknospen** sind roh verzehrt eine nach Champignon schmeckende Köstlichkeit auf jeder Wanderung. Salaten geben sie eine pilzige Note, ebenso Soufflés oder Aufläufen. Der **Samen,** ebenfalls mit nussig-pilzigem Aroma und von Juli bis Oktober zu ernten, bereichert Gemüsegerichte oder Bratlinge.

SAMMELORT UND ERKENNUNGSMERKMALE

Die mehrjährige Staude wächst ab Mai bis September auf lehmhaltigen Böden innerhalb oder am Rande von Wiesen. Auch ist sie an Weg- und Straßenrändern weit verbreitet. Sie ist gut an ihren länglichen Blättern mit den parallel laufenden Blattnerven zu erkennen. Verwechseln könnte man den Spitzwegerich mit seinem direkten Verwandten, dem Mittleren Wegerich *(Plantago media),* dieser hat lange rosafarbene Staubfäden oder mit dem Breitwegerich *(Plantago major)* mit eher rundlichen, breiten Blättern. Beide sind essbar, aber herber und etwas zäher.

SPITZWEGERICH-WILDKRÄUTER-TOMATENSUPPE

Die Spitzwegerichkölbchen geben dieser Suppe einen nussigen Unterton. Einige Blätter, in Öl ausgebacken, sowie rohe Knospen füge ich gerne als Dekoration hinzu.

ZUTATEN

- 500 ml passierte Tomaten
- 200 g Sahne
- ¼ l Weißwein
- 1 Zwiebel, fein gehackt
- 4 EL Olivenöl
- Salz
- Crème fraîche
- 1 l gemischte Kräuter: z. B. Spitzwegerichblätter und -kölbchen, Giersch, Gundermann, Knoblauchsrauke

ZUBEREITUNG

Zwiebeln in Olivenöl glasig dünsten. Passierte Tomaten, Wein und Sahne zugeben, vorsichtig erhitzen, aber nicht kochen. Kräuter waschen, trocken schleudern, fein hacken und in die heiße Suppe geben, ca. zehn Minuten ziehen lassen. Die Suppe leicht anpürieren. Mit Salz und Honig abschmecken, mit Crème fraîche, Blättern und Kölbchen garniert servieren.

Gegen jede Krankheit ist ein
Kraut gewachsen.
Der Wegerich gegen Wunden,
Narben jeglicher Art.
(NACH PFARRER KNEIPP)

SPITZWEGERICHKÖLBCHEN-PILZ-SOUFFLÉ

Diesem Gericht verleihen die nach frischen Pilzen schmeckenden Spitzwegerichkölbchen ihr unglaubliches Aroma. Da ist der echte Pilz eigentlich nur noch Statist!

ZUTATEN

- 150 g Champignons
- 40 Spitzwegerichkölbchen
- 50 g Butter
- 40 g Mehl
- 200 ml Milch
- 50 ml Sahne
- 3 Eigelb
- 4 Eiweiß
- 80 g Emmentaler, gerieben
- weißer Pfeffer
- Salz
- Muskatnuss
- Butter für die Formen

ZUBEREITUNG

Champignons putzen, fünf Minuten blanchieren, abtropfen lassen und mit den Spitzwegerichkölbchen pürieren. Für die Béchamel-Soße 50 Gramm Butter erhitzen, darin das Mehl anschwitzen und unter ständigem Rühren Milch und Sahne dazugeben. Vom Herd nehmen und das Pilzpüree unterrühren. Unter die abgekühlte Masse das Eigelb und den Käse mischen und mit Pfeffer, Salz und Muskat abschmecken. Das Eiweiß mit einer Prise Salz halbsteif schlagen und vorsichtig unter die Masse heben. Auflaufförmchen ausbuttern und die Soufflé-Masse einfüllen. Bei 180 °C ca. 30 Minuten im Backofen garen. Heiß servieren.

ERDKAMMER-SIRUP

Der Sirup ruht 8 bis 10 Wochen bei gleichbleibender Temperatur in den Tiefen meines Gartens, dann ist seine Reifezeit erreicht und kann ausgegraben werden.

ZUTATEN

(für 500 ml Gefäß)

- 500 g Honig
- zwei gute Handvoll junge Blätter vom Spitzwegerich

ZUBEREITUNG

Spitzwegerich waschen, trocken schleudern und quer zu den Blattnerven klein schneiden. Spitzwegerich und Honig im Wechsel in das Gefäß schichten. Mit Spitzwegerich beginnen und darauf achten, dass die oberste Schicht vom Spitzwegerich mit Honig bedeckt ist. Das Gefäß verschließen, zum Schutz in eine Plastiktüte geben und wenigstens 50 Zentimeter tief eingraben. Acht bis zehn Wochen ruhen lassen. Ausgraben, durch ein Sieb geben und in dunkle Flaschen abfüllen.

GESCHICHTETE CRÈME MIT ERDKAMMER-SIRUP

Eine besondere Nchspeise, die Lust auf mehr macht.

ZUTATEN

- ½ Packung Vanillepudding
- ½ Packung Schokoladenpudding
- 500 ml Milch
- 10 Blätter Gundermann
- Zucker
- 500 g Aprikosen
- Erdkammer-Sirup

ZUBEREITUNG

Aprikosen mit kochenden Wasser überbrühen, enthäuten, entsteinen und pürieren. In der Hälfte der heißen Milch die Gundermannblätter zehn Minuten ziehen lassen, abseihen und mit dieser Milch den Schokoladenpudding nach Packungsanleitung kochen und als unterste Schicht in hohe Gläser füllen. Etwas abkühlen lassen, dann das Aprikosenpüree einfüllen. Den Vanillepudding kochen und als letzte Schicht in die Gläser füllen. Kurz vor dem Servieren den Sirup aufgießen. Mit kandierten Spitzwegerichblättern und -knospenständen dekorieren.

Seinen grossen Auftritt hat der Sirup mit aufgegossenem Sekt oder als Topping für süsse Nachspeisen.

1

2

3

4

1. Die Schafgarbe besitzt doldenartige Rispen mit kleinen Blütchen. **2.** Manchmal changiert die Blütenfarbe an einigen Standorten von Weiß ins Violette, Rötliche und ins Rosa. **3.** Auch an Wegrändern findet sich das Heilkraut oder wie bei mir im weitestgehend naturbelassenen Garten. **4.** Wie weiße Schaumkronen wirkend die Blütendolden auf der grünen Wiese.

SCHAFGARBE

Gemeine Schafgarbe, Gewöhnliche Wiesenschafgarbe, Bauchwehkraut, Tausendblatt, Augenbraue der Venus, Korbblütler *Achillea millefolium, Asteraceae*

Achilles, der griechische Held, soll angeblich seine Wunden mit diesem Kraut behandelt haben, was schließlich der Schafgarbe den botanischen Namen gab.

GENERELL

Pflanze: aromatisch duftende, ausdauernde, krautige Pflanze, selten Halbstrauch; mit zähem, leicht behaartem und markhaltigem Stängel, im Frühjahr aus dem überdauernden Rhizom austreibend, sie wird ca. 40 bis 60 cm hoch. **Blätter:** schmale, wechselständig wachsende und zwei- bis dreifach fein gefiederte Laubblätter, die an Augenbrauen erinnern (daher der volkstümliche Name „Augenbraue der Venus"). **Blüte:** scheindoldiger Blütenstand mit vielen kleinen Korbblüten, die von 4 bis 6 Blütenblättchen umrandet sind, von Juni bis Oktober blühend; meist weiße, seltener gelbliche, rosa oder leicht violette Blütenfarbe. **Verbreitung:** beheimatet in der subtropischen bis gemäßigten Zone Eurasiens, auch in den Alpen, in Nordafrika und Amerika, auf Wiesen und an Wegrändern vorkommend.

VERWENDUNG UND GESCHMACK

Das ätherische Öl Proazulen, sowie Kampfer und Achillin verleihen dem Kraut neben Bitterstoffen die Heilkraft und geschmackliche Note. Die **Blätter** eignen sich als Gewürz zur Herstellung von Nudelteigen, Kräuterbutter oder Kräutersalzen. Junge Blätter ergänzen Salate durch ihren würzigen Geschmack.

SAMMELORT UND ERKENNUNGSMERKMALE

Die Schafgarbe wächst vor allem auf Wiesen und an Wegrändern. Typisch sind ihrer zähen Stängel. So manches Kind hat damit seine Erfahrung gemacht, indem sie sich gar nicht leicht pflücken lassen, um das Sträußchen für die Mutter zu bereichern. Insofern ist zum Ernten des Krautes stets ein scharfes Messer oder eine Schere vonnöten. Die feinen, länglichen Fiederblättchen, die beim Zerreiben einen würzigen Duft abgeben, sind ein sicheres Erkennungsmerkmal, ebenso die extra weißen Blütenstände bei der weißblühenden Schafgarbe.
Verwechseln könnte man die Schafgarbe beim flüchtigen Hinschauen mit dem ein oder anderen Doldenblütler. Der verzweigte Aufbau des Blütenstandes der Schafgarbe macht sie wiederum unverwechselbar.

SCHAFGARBEN-BUTTER

Der Schafgarben-Brotaufstrich ist einer der aromatischsten. Dank der langen Verfügbarkeit ist er bei mir oft auf dem Tisch.

ZUTATEN

- 1 gute Handvoll Schafgarbenblätter
- 250 g Butter
- 1–2 TL Zitronensaft
- 1 TL Honig
- Salz

ZUBEREITUNG

Blätter waschen, gut trocken schleudern und fein hacken. Kräuter mit wenig Salz, dem Zitronensaft und dem Honig in die Butter kneten bis sich eine gleichmäßig grüne Butter ergibt. Abschmecken, ggfs. etwas nachsalzen. In kleine Gefäße füllen und kaltstellen. Vor dem Servieren mit Blüten und Blättern dekorieren.

Lässt sich sehr gut vorbereiten und kann ein paar Tage im Kühlschrank gelagert werden.

GEFÜLLTE PILZE MIT SCHAFGARBENCRÈME

Eine wunderbare Vorspeise bei einem besonderen Menü. Auf meinen Büfetts sind die gefüllten Pilze immer schnell vergriffen, da kann ich kaum genug von machen.

ZUTATEN

- 12 mittelgroße Champignons mit Stielen
- 100 g Frischkäse
- 1 EL feine Haferflocken
- Salz
- Pfeffer
- 1–2 Handvoll gemischte Kräuter: z. B. Schafgarbe (Blatt und Blüte), Spitzwegerichknospen und Dost

ZUBEREITUNG

Champignons mit einer weichen Bürste säubern, Stiele herausdrehen und diese für die Füllung klein schneiden. Wildkräuter waschen und sehr fein hacken. Frischkäse mit Haferflocken verrühren, Wildkräuter und Pilzstiele dazu geben und unterrühren. Mit Salz und Pfeffer abschmecken. Champignonköpfe mit der Frischkäsemasse füllen, in eine Auflaufform oder auf ein Backblech legen. Im Backofen bei 180 °C ca. 20 Minuten backen.

STOCKBROT-HEFETEIG

Die Stockbrote dürfen bei keinem Lagerfeuer fehlen! Das Backen über dem Feuer macht auch Kindern Spaß und erhöht die Freude aufs Abknabbern.

ZUTATEN

(für ca. 16 Stockbrote)

- ½ Würfel Hefe
- ½ TL flüssiger Honig
- 50 ml lauwarmes Wasser
- 500 g Dinkelmehl Typ 630
- 1 Ei
- 2 EL Olivenöl
- 1–2 TL Salz
- 6 EL gehacktes Schafgarbenkraut (Blatt und Blüte) gemischt mit anderen Würzkräutern z. B. Giersch, Beifuß und Brennnessel
- 200–250 ml Wasser
- zusätzlich 16 Stöcke von Haselstrauch, Birke oder Obstgehölzen, den oberen Bereich für den Teig entrinden

ZUBEREITUNG

Hefe mit Honig in 50 Milliliter Wasser verrühren. Mehl in eine Schüssel geben, eine Mulde formen und die Hefe hineingießen, mit etwas Mehl verrühren. Hefeansatz mit Mehl gut bedecken. Wenn sich sichtbare Risse im Mehl zeigen, alle weiteren Zutaten zugeben. Erst mit Mixer und Knethaken verrühren, dann von Hand auf einer bemehlten Arbeitsfläche kneten, ggf. Mehl oder Wasser ergänzen bis ein elastischer Teig entstanden ist. Den Teig zur Kugel formen, in eine Schüssel legen, abdecken und eine Stunde bei Zimmertemperatur gehen lassen. Nochmals gut durchkneten. Teig portionieren und jeweils zu einer Wurst von einem Zentimeter Durchmesser rollen, diese um die Stöcke wickeln. Auf ein Backblech mit Backpapier legen. Fertige Stockbrote weitere 15 bis 30 Minuten abgedeckt gehen lassen. Backofen auf 220 °C vorheizen. Stockbrote in ca. 15 Minuten fertig backen. Alternativ am Lagerfeuer Stöcke mit Teig über die Glut halten, immer wieder drehen, bis sie goldgelb gebacken sind.

Für das Lagerfeuer besonders lange Stöcke z. B. vom Haselstrauch oder der Birke schneiden, so gewinnt man Abstand zum Feuer und das Halten über der Glut wird nicht zu heiss.

1. Typisch sind die in bis zu sieben Lappen aufgeteilten und stark strukturierten Laubblätter. **2.** Die typische *Rosaceae*-Blüte: Blütenblätter mit vielen Staub- und Fruchtblättern! **3.** Die Sammelfrüchte unregelmäßig in der Rispe verteilt und fruchtend: Manche sind reif, andere wiederum gänzlich unreif. **4.** Der Name Brombeere bedeutet im Althochdeutschen Dorngebüschbeere oder Beere des Dornstrauches, was hieran nachvollziehbar ist.

BROMBEERE

Rosengewächse *Rubus fruticosus, Rosaceae*

Meist makellos und ungezieferfrei lässt sie sich als Hecke und am Waldesrand gut beernten. Nur ihren stachelbewehrten Ranken muss man sich fernhalten. Doch die Mühe des Erntens und die blauschwarzen Finger, die man sich dabei holt, lohnen, denn die Brombeere ist in jeglicher Verarbeitungsvariante eine wahre Verführung!

GENERELL

Pflanze: wintergrüner, leicht kletternder Strauch mit bis zu 4 m langen stachelbesetzten, verholzenden Sprossachsen. Typischer Speizklimmer, dem die rückwärts gerichteten Stacheln als Kletterhaken dienen. Die Zweige sind immergrün, aber oft auch rötlich überhaucht. Verwildert gerne und bildet dabei nahezu undurchdringbare Gestrüppe. **Blätter:** drei- bis siebenzählig gefiederte und in Blattstiel und Blattspreite gegliederte Laubblätter in wechselständiger Anordnung; Blattrand stark gezähnt. **Blüte:** zwittrige, radiärsymmetrische Blüte mit fünf Kronblättern und ca. 20 und mehr Staub- und Fruchtblättern, die von Mai bis August am Ende des zweijährigen Holzes blühen; meist weiß, seltener rosa. **Früchte:** Die blauschwarzen, glänzenden und wie ein Kugelhaufen wirkenden bis zu 3 cm großen Früchte sind eigentlich keine Beeren sondern Sammelsteinfrüchte, die aus den einzelnen Fruchtblättern hervorgehen. In jeder einzelnen Sammelsteinfrucht sitzt der Stein mit dem Samen. Von August bis September reifend. **Verbreitung:** In der nördlichen Erdkugel an sonnigen bis halbschattigen Standorten vorkommend, z. B. in lichten Wäldern, an Waldrändern mit kalk- und stickstoffreichem Boden.

VERWENDUNG UND GESCHMACK

In der Wildpflanzenküche finden die grünen im Mai geernteten **Blätter** als Tees Anwendung. Die saftreichen und wohlschmeckenden **Früchte** im Spätsommer, die auch roh verzehrt werden können, sind auch wunderbar als Kaltschalen, Smoothies, Marmeladen, Gelees und auf Tortenböden zu verwenden.

SAMMELORT UND ERKENNUNGSMERKMALE

Die Brombeere hat sich im Laufe der Jahrhunderte auf vielfältige Weise diversifiziert, so dass es mittlerweile viele Unterarten gibt, die aber alle ähnlich aussehen und ähnlich schmackhaft sind. Brombeeren siedeln sich meistens in naturbelassenen Bereichen an, auf Schutthalden, an Waldrändern oder Feldrändern. Sie sind als dichtes Gebüsch mit den langen Trieben gut und eindeutig erkennbar. Zur Blütezeit ist das Gestrüpp mit einer Vielzahl weißer Blüten überzogen, die als Bienenweide dienen. Aus den bestäubten Blüten bilden sich später die traubenähnlichen Fruchtstände mit den Sammelsteinfrüchten, die meist nicht zeitgleich fruchten, sondern über 3 bis 5 Wochen ab Mitte August beerntet werden können. Eine Verwechslung besteht nur zu anderen Brombeerarten, die aber alle genießbar sind.

ÜBERBACKENE BROMBEERE MIT HOLUNDERBLÜTENSABAYONE

Vollreife Brombeeren gepaart mit dieser köstlichen Sabayone, da wird der Sommer zum Genuss!

ZUTATEN

- 300 g Brombeeren
- 60 ml Weißwein
- 2 EL Holunderblütensirup (Seite 104)
- 40 g Zucker
- 3 Eigelb

ZUBEREITUNG

Brombeeren abspülen, entkelchen und abtropfen lassen. Weißwein mit Holunderblüten-Sirup verrühren, zur Seite stellen. Einen Topf zwei bis drei Zentimeter hoch mit Wasser füllen, Metallschüssel aufsetzen, darin Eigelb mit Zucker verschlagen. Bei geringer Wärmezufuhr nach und nach die Weißwein-Holunderblüten-Flüssigkeit unter die Eigelbmasse schlagen und beständig weiter schlagen bis sich eine schaumige Crème gebildet hat. Ofen-Grill auf 180 °C vorheizen. Beeren in vier hitzebeständige Gläser verteilen, mit der Holunderblütensabayone auffüllen und auf der obersten Ofenschiene nur 60 bis 90 Sekunden überbacken bzw. grillen.

Beim Grill die Gläschen zum Überbacken wirklich nur sehr kurz in den Ofen stellen, mit Oberhitze dauert das Bräunen etwas länger.

BROMBEER-TORTELETTS

Mit fertigen Torteletts-Böden ist die restliche Zubereitung schnell gemacht, da steht einer spontanen Kaffeetafel nichts mehr im Wege!

ZUTATEN TEIG

(reicht für 6 Stück)

- 200 g Mehl
- 100 g Butter
- 50 g Zucker
- 1 Ei
- Prise Salz

ZUTATEN BELAG

- 250 g Brombeeren
- 1 Päckchen Tortenguss
- 150 g Crème fraîche
- 1 EL Zucker
- ½ TL Orangenschale, abgerieben
- ca. 3 EL Orangensaft

ZUTATEN SUD

- ca. 200 ml Wasser
- 1 Bio-Orange
- 1 EL Honig
- 1 Zimtstange

ZUBEREITUNG

Mehl mit Zucker vermischen, Butter zerkleinern und mit Ei und Salz dazugeben. Alle Zutaten zu einem mürben Teig verkneten. Tortelettformen buttern. Teig in sechs Stücke teilen, jeweils rund ausrollen, die Formen damit auslegen. Die Ränder andrücken. Im vorgeheizten Backofen 15 bis 18 Minuten bei 175 °C Umluft backen. Brombeeren waschen, entkelchen und abtropfen lassen. Den restlichen Orangensaft auf 250 Milliliter mit Wasser auffüllen. Honig und Zimt dazugeben und unter Rühren einmal aufkochen. Sud abkühlen lassen und die Brombeeren bis zum Servieren darin ziehen lassen. Crème fraîche mit Zucker, abgeriebener Orangenschale und Orangensaft glattrühren. Die Brombeeren mit einem Schaumlöffel aus dem Sud heben, abtropfen lassen und die Törtchen damit belegen. 100 Milliliter Sud mit Tortenguss aufkochen, über die Brombeeren geben, mit einem Klecks Crème fraîche versehen und servieren.

BROMBEER-KALTSCHALE MIT GEMINZTEM TOPPING

Ich liebe einfache, aber köstliche Gerichte, dieses gehört eindeutig dazu.

ZUTATEN KALTSCHALE

- 500 g Brombeeren
- 100 ml Apfelsaft
- 2 EL Zucker
- 2 Pfirsiche

ZUTATEN TOPPING

- 1 EL Pfefferminze, fein gehackt
- 40 g Zucker
- 4 TL Mascarpone

ZUBEREITUNG

Brombeeren waschen, entkelchen und mit Apfelsaft und Zucker verrühren, dann aufkochen und etwa 15 Minuten weiter köcheln lassen. Abkühlen lassen und durch ein Sieb oder eine Flotte Lotte passieren. Das ergibt ca. 400 Milliliter Brombeermus, diesen kaltstellen. Pfirsiche in einer Schüssel mit kochendem Wasser überbrühen, Schale abziehen und Frucht halbieren. Pfefferminze mit Zucker fein vermörsern und mit Mascarpone verrühren. Brombeermus auf Schälchen verteilen, Pfirsichhälften in die Mitte legen und mit Minz-Mascarpone toppen.

Das heisse Brombeermus in Flaschen füllen und fest verschliessen, so kann es gut für zwei, drei Monate den Genuss des Sommers verlängern.

1

2

3

4

1. Die attraktiven rundlichen Blüten der Heckenrose haben meist nur fünf Blütenblätter und in der Mitte eine Fülle an gelben Staubblättern. **2.** Ab August bilden sich die Früchte, die man bei Rosengewächsen als Hagebutten bezeichnet. **3.** Heckenrosen wachsen oft zu mehreren. Sie bilden dichte, undurchdringliche Hecken und damit attraktive Landmarken in Feld und Flur. **4.** Oft vereinzelt, manchesmal auch zu mehreren, sitzen die Hagebutten an verhältnismäßig langen, gebogenen Ästen, die ab Oktober oft schon blattlos sind.

WILDROSE

Heckenrose, Wild-, Hag-, Hundsrose, Rosengewächse *Rosa canina, Rosaceae*

„Ein Männlein steht im Walde ...“ gemeint mit diesem Kinderlied ist tatsächlich die Hagebutte mit ihrem purpurroten Mäntelchen und dem schwarzen Käppelein. Mit den leuchtenden Rosenfrüchten verbinde ich das Bild eines strahlenden, farbenprächtigen Herbstes – das letzte brillante Aufleuchten der Natur mit all ihren Schätzen!

GENERELL

Unter Wildrose versteht man eine Fülle unterschiedlicher, nicht züchterisch veränderter Rosengewächse, die über recht unterschiedliche Ausprägungen verfügen. **Pflanze:** meist aufrechter, locker wachsender, bis 3 m hoher Strauch mit leicht überhängenden Ästen. **Blätter:** glänzend oder matt, gefurcht, siebenfach gefiedert, Fiederblätter meist elliptisch mit gesägtem Rand, an grünem bis verholzendem Holz mit einzelnen nach hinten gebogenen Stacheln. **Blüte:** bis 5 cm Durchmesser, mit fünf Blütenblättern, intensiv duftend, meist in Rosa, Rot oder Weiß, mittig zahlreiche gelbe Staubgefäße. **Früchte:** variabel in der Form von eiförmig bis rund, meist rot bis orange und als Hagebutten bezeichnet, an längerem Stiel, glatt und glänzend, seltener behaart. **Verbreitung:** weit verbreitet auf fast allen Kontinenten.

VERWENDUNG UND GESCHMACK

Die **Blüten** mit ihrem typischen süßlich-aromatischen Rosenduft können im Juni als essbare Dekoration verwendet werden. Ausgekocht zu Gelees verarbeitet, entfalten sie ihren süßlichen, aromatischen Geschmack. Die im September heranreifenden **Früchte,** die Hagebutten, eignen sich getrocknet und aufgebrüht für die Zubereitung von Tee. Ihr Mark, unterhalb der roten Haut sitzend und eine Fülle an Kernen umgebend, ergibt ein süß-säuerliches, an Tomatenmark erinnerndes, Vitamin-C-haltiges Mus, süß als Brotaufstrich oder zu Süßspeisen oder pikant in Form von Chutneys oder Soßen. Die **Kerne** können geröstet zu einer Art Kaffee aufgebrüht werden.

SAMMELORT UND ERKENNUNGSMERKMALE

Die Wild- oder Heckenrose gilt als wenig anspruchsvolle Pionierpflanze bei der Wiederbegrünung und auf frisch angelegten Böschungen. Sie wächst als Hecke an Wiesen- und Feldrändern sowie als Grundstückseinfriedung. Die formenreiche Art ist an ihrem buschigen Wuchs und an den typischen fünfblättrigen Rosenblüten, meist mit einfacher Blütenfüllung, zu erkennen. Die Blütenblätter geben beim Zerreiben einen süßlichen Rosenduft frei. Die roten, leuchtenden Hagebutten sind meist hart. Eine niedriger wachsende Art mit rauen, matten, rundlicheren Blättern entwickelt sogar bis 5 cm dicke Hagebutten, dann eher orange als rot und deutlich weicher. Hagebutten weisen am Ende schwarze, trockene Kelchblätterreste auf.

HAGEBUTTEN-KÜRBIS-QUICHE

Mit der fruchtigen Hagebutten-Komponente eine farblich attraktive wie auch schmackhafte Quiche-Variante, die auf alle Fälle eine kulinarische Bereicherung ist.

ZUTATEN TEIG

- 225 g Mehl
- 110 g Butter
- 1 TL Salz
- ca. 50 ml Wasser

ZUTATEN BELAG

- ca. 300 g Hokkaido-Kürbis
- 250 g Hagebutten
- 200 ml Cidre
- 2 Zwiebeln
- Orangenschale, abgerieben
- Muskat
- 125 g Emmentaler-Käse
- 250 g Schmand
- 3 Eier
- Salz
- Pfeffer

ZUBEREITUNG

Mehl, Butter, Salz und Wasser zu einem glatten Teig kneten. Auf einer bemehlten Arbeitsfläche ausrollen und in die Form geben, den Rand dabei gut drei Zentimeter hochziehen. Kalt stellen. Kürbis grob raspeln. Hagebutten waschen, Stiel und Kelch abschneiden, halbieren und entkernen. Hagebutten nochmals waschen, damit die feinen Härchen weggeschwemmt werden. Hagebutten im Cidre ca. zehn Minuten weich kochen. Mit wenig Orangenschale und Muskatnuss abschmecken. Zwiebeln schälen und klein schneiden, in der Pfanne mit Butter gut andünsten. Den Kürbis dazugeben und bei schwacher Hitze 30 Minuten mitdünsten. Ein Drittel der Hagebutten dazugeben, die restlichen pürieren und dann zu der Kürbis-Zwiebel-Masse geben. Vom Herd nehmen. Käse reiben und gut mit dem Schmand und den Eiern verrühren. Kräftig mit Salz und Pfeffer abschmecken. Alles vermischen und in die Form geben. Backofen auf 200 °C vorheizen. Die Quiche in 45 Minuten fertig backen.

Beim Entkernen der Hagebutten sollten empfindliche Menschen Handschuhe tragen, sonst kann es durch die feinen Härchen zu Hautirritationen oder Juckreiz kommen.

HAGEBUTTENMARK

Das Mus auf Vorrat zubereitet, ist dann jederzeit zur Hand.

ZUTATEN

- 500 g Hagebutten
- Wasser
- Weißwein

ZUBEREITUNG

Hagebutten waschen und Kelchblätter sowie Stiele abschneiden, dann halbieren und mit einem kleinen Löffel die Kerne entfernen. Die feinen Härchen abwaschen und die Hagebuttenhälften in einen Topf geben und knapp mit Wasser bedecken. Ca. 15 Minuten bei offenem Topf leicht köcheln lassen, dann fein pürieren und falls erforderlich etwas Weißwein zugeben bis es eine sämige Masse gibt. Heiß in Gläser füllen und bis zum Öffnen im Kühlschrank lagern.

HAGEBUTTEN-ZWIEBELSOSSE AN PUTENSTEAKS

Die Hagebutten-Zwiebelsoße kann zur Vorratshaltung auch heiß in saubere Gläser gefüllt werden.

ZUTATEN

- 500 g Zwiebeln
- 1 Orange, unbehandelt
- 2 EL Butter
- 300 g Hagebuttenmark
- 125 ml Weißweinessig
- 200 ml Wasser
- Salz
- 100 g Zucker
- Curry, Kurkuma oder Muskat zum Abschmecken
- 4 Putensteaks

ZUBEREITUNG

Zwiebeln klein würfeln und in der Butter andünsten. Orangenschale abreiben und den Saft auspressen, damit die Zwiebeln ablöschen. Mit Wasser aufgießen und die Zwiebeln weich kochen. In die Zwiebelmasse die restlichen Zutaten – Hagebuttenmark, Essig, Salz, Zucker, Gewürze – geben und bei starker Hitze zu einer dicklichen Masse kochen. Die Putensteaks in einer Pfanne gut durchbraten und auf einem Spiegel Hagebutten-Zwiebelsoße servieren. Dazu Gemüse und Reis reichen.

1

2

3

4

1. Die Esskastanie ist gegenüber der Rosskastanie gut an den typischen, länglichen, kätzchenartigen Blütentrauben zu erkennen. **2.** Reife, aufgeplatzte Fruchthüllen geben den Blick frei auf zwei bis drei Maronennüsse. **3.** Wie kleine Stachelkugeln sitzen die anfangs hellgrünen Maronenfrüchte an den Zweigen. **4.** Die Esskastanie ist typischerweise ein Solitärbaum, er braucht viel Platz und einen sonnigen Standort.

EDELKASTANIE

Marone, Esskastanie, Keschde, Keschtn, Buchengewächse *Castanea sativa, Fagaceae*

In der späten Herbst- und Vorweihnachtszeit gehört der Duft gerösteter Kastanienfrüchte, der sogenannten Maroni, für mich zum Zauber der Weihnachtsmärkte. Aber die Marone hat noch viel mehr zu bieten, wie nachfolgend zu sehen.

GENERELL

Pflanze: sommergrüner Baum, selten strauchförmig, 20 bis 25 m hoch werdend mit geradem Stamm und weitausladender Krone. **Blätter:** ab April austreibend, anfangs leicht behaart, elliptisch bis länglich, 12 bis 20 cm lang, 3 bis 6 cm breit mit stark gezähntem Blattrand. Leicht ledrige, dunkelgrüne Oberfläche und hellere Unterseite mit stark hervortretenden 12 bis 20 Aderpaaren. Im Herbst verfärben sie sich ins Gelbbraune. **Blüte:** ab Juni/Juli erscheinend, getrennt geschlechtlich aber auf einer Pflanze. Mit 20 bis 25 cm langen, gelben kätzchenähnlichen und herabhängenden Blütenständen. **Früchte:** stärkereiche Nussfrucht mit dunkelbrauner, glänzender Oberfläche und zugespitzter Form, 5 bis 10 cm Durchmesser, an der Basis heller Fleck. In stacheliger Schale sitzend, die bei Reife aufspringt. Same mit häutiger, gerbstoffreicher und leicht behaarter Schale. **Verbreitung:** im gesamten Mittelmeerraum, zunehmend auch in den mittleren, warmen bis gemäßigten Bereichen Europas.

VERWENDUNG UND GESCHMACK

Maronen können ab Ende September bis Oktober gesammelt werden. Die **Früchte** enthalten reichlich Ballaststoffe und Stärke, aber wenig Fett und somit wenig Kalorien. Ihr süßliches Aroma lässt sie vielfältig in der Küche einsetzen. Frische Maronen sollten glänzend und prall sein und keine Löcher (Wurmbefall) aufweisen.

SAMMELORT UND ERKENNUNGSMERKMALE

Die Maronen sind gut an ihren feinstacheligen Hüllen und länglichen, gezackten Blättern von der nicht essbaren Rosskastanie zu unterscheiden, deren Schalen deutlich grob stacheliger sind und die fünf- bis siebenlappige Blätter aufweisen. **Für den Einsatz der Maronen in der Küche geht man folgendermaßen vor:** Gute und schlechte Maronen sortieren, indem man sie in eine Wasserschale gibt. Maronen, die oben schwimmen, sind nicht mehr zu gebrauchen, diese entfernen. Danach mit einem scharfen Messer die Schale von der Spitze nach unten kreuzweise einschneiden – wenn möglich auch das sich darunter befindende braune Häutchen. Um die Garzeit im Ofen zu verkürzen, kocht man die Maronen nun im sprudelnden Wasser etwa 6 Minuten vor. Anschließend die nassen Maronen mit der eingeritzten Seite nach oben auf ein Backblech legen. Im vorgeheizten Backofen bei 180 °C etwa 20 Minuten lang rösten bis die Schale an den eingeschnittenen Kreuzen aufspringt und diese sich dunkler gefärbt hat. Nun lässt sich die ausgetrocknete Schale und die darunterliegende Haut ganz einfach ablösen, solange sie noch heiß sind. Deshalb die gerösteten Maronen mit einem nassen Geschirrtuch zudecken. Die geschälten Maronen lassen sich nun zu unterschiedlichen Gerichten weiterverarbeiten.

MARONEN-RAHMSUPPE

Der Saisonknüller! Wie schön, dass es viele Wildfrüchte nur zu einer bestimmten Jahreszeit gibt, dann freue ich mich besonders auf die einzigartigen Rezepte und deren Genuss, wie hier die Maronensuppe.

ZUTATEN

- 300 g frische geschälte Maronen
- 2 Möhren
- 1 kleine Pastinake
- 1 kleine Zwiebel
- 30 g geräucherte Schinkenwürfel
- 1 EL Butter
- ½ Lorbeerblatt
- 1 Zweig Thymian
- ¼ Knoblauchzehe
- 2 EL Sherry
- 500 ml Gemüsebrühe
- Salz
- Pfeffer
- 200 ml Sahne
- 12 Streifen Bacon

ZUBEREITUNG

Möhren, Pastinake und Zwiebel fein würfeln. Schinkenwürfel in Butter anbraten, Gemüse zugeben und kurz andünsten. Dann Maronen mit den Gewürzen beifügen. Mit dem Sherry ablöschen, Gemüsebrühe angießen und 15 Minuten köcheln lassen. Salzen und Pfeffern und weitere 15 Minuten bei geringer Hitze köcheln. Die Kräuter entfernen, Suppe pürieren, durch ein Sieb streichen und Sahne zufügen. Den Bacon in einer Pfanne knusprig braten. Suppe kurz erhitzen, aber nicht mehr kochen, in Schälchen füllen und mit dem Bacon dekoriert servieren.

MARONEN-FEIGEN-BROT

Dieses Brot hat eine kleine, süße Note. Es ist deshalb für mich ein perfektes Frühstücksbrot – oder auch dick mit Butter bestrichen köstlich zum Nachmittagskaffee.

ZUTATEN

- 200 g frische Maronen (oder 170 g vorgekochte)
- 150 g getrocknete Feigen
- 375 g Weizenmehl
- 90 g Roggenmehl
- 1 Würfel frische Hefe
- 1 TL Honig
- 300–350 ml lauwarmes Wasser
- 1 TL Salz
- Butter für die Form

ZUBEREITUNG

Maronen in Salzwasser garen und schälen. Maronen und Feigen grob hacken. Weizenmehl, Roggenmehl und Salz in einer Schüssel mischen. Im lauwarmen Wasser die Hefe mit Honig auflösen und zum Mehl geben, alles mit den Knethaken des Handrührgeräts zu einem glatten Teig verarbeiten. Maronen und Feigen unterkneten bis sie gleichmäßig im Teig verteilt sind.

Teig abgedeckt an einem warmen Ort gehen lassen, bis er sein Volumen in etwa verdoppelt hat. Nochmals mit den Händen durchkneten und in eine gefettete Kastenform (ca. 26 Zentimeter Länge) geben. Abgedeckt eine weitere Stunde gehen lassen. Ofen auf 250 °C (Umluft 230 °C) vorheizen. Das Brot auf der zweituntersten Schiene in den Ofen schieben. Temperatur auf 200 °C (Umluft 180 °C) reduzieren. Die anfangs höhere Temperatur sorgt dafür, dass das Brot schön aufgeht. Brot 25 bis 30 Minuten backen. Es ist fertig gebacken, wenn es beim Klopfen auf die Unterseite hohl klingt. Auf einem Gitter abkühlen lassen.

MARONEN-KEKSE

Ein Stück süßer Herbst! Die Kekse sind sooo lecker, leicht mürbe, aber doch noch etwas saftig. Deshalb sind sie im Herbst ganz schnell weggenascht!

ZUTATEN

- 250 g Weizenmehl
- 200 g gekochte, passierte Maronen
- 150 g Butter
- 100 g Zucker
- 1 Ei
- 1 Prise Zimt
- 1 Päckchen Vanillezucker
- 1 Eigelb zum Bestreichen

ZUBEREITUNG

Alle Zutaten schnell zu einem Mürbeteig verkneten. Abgedeckt für 30 Minuten in den Kühlschrank stellen. Den Teig ca. ein Zentimeter dick auf einer bemehlten Unterlage ausrollen. Mit Formen nach Wahl ausstechen. Die Maronenkekse mit Eigelb bestreichen und bei 180 °C ca. 15 Minuten goldbraun backen.

1. Im März, spätestens im April, erblüht die Schlehe am unbelaubten Strauch. Weiße Blüten an dunkelgrau bis schwarzen Ästen, ein schöner Kontrast. **2.** Jedes Jahr ist anders. Gut, wenn man mehrere Standorte der Schlehe kennt, so wird man in jedem Fall Früchte finden. **3.** Die Schlehe wird nicht umsonst auch Schlehdorn genannt. Die ca. 4 cm langen Dornen sind wirklich wehrhaft. Ich pflücke sie mit dicken Handschuhen und bin in jedem Fall sehr vorsichtig. **4.** Auch bei den Schlehen gilt, sich im Frühjahr die auffallend weiß blühenden Heckenstandorte zu merken, damit man im Herbst ernten kann.

SCHLEHE

Schlehdorn, Rosengewächse *Prunus spinosa, Rosaceae*

Die letzte Frucht, die aus der freien Natur in unseren Breiten geerntet werden kann, ist die Schlehe. Bis tief in den Winter hinein hängen die dunklen, blauschwarzen Beeren am bereits kahlen Geäst und können selbst dann noch geerntet werden. Wenn man Glück hat, haben sie sogar schon den ersten Frost abbekommen, so verlieren die Früchte etwas ihren herb-sauren Geschmack und müssen nicht noch extra im Gefrierfach den künstlichen Winter erleben.

GENERELL

Pflanze: sommergrüner, reich verzweigter Strauch, bis 3 m hoch werdend, Triebe mit rechtwinklig abstehenden Dornen besetzt. **Blätter:** dunkelgrün, wechselständig, kurz gestielt, verkehrt-eiförmig, bis 5 cm lang und 2 cm breit werdend, scharf gesägter Blattrand. **Blüte**: weiß, 1,5 cm groß, von März bis April am kahlen Holz, kurz gestielt. **Früchte:** Oktober bis Dezember, kugelige, blau-schwarze Steinfrucht mit rundem Stein, stark bereift, ca. 1,5 cm groß. **Verbreitung:** fast in ganz Europa vorkommend, als Heckenpflanze, an Weg- und Waldrändern und felsigen Abhängen.

VERWENDUNG UND GESCHMACK

Vom Schlehdorn oder der Schlehe werden nahezu ausschließlich die **Früchte** in der Genussküche verwendet. Ihr sauer-herber Geschmack ist nur bedingt für den Rohverzehr geeignet. Erst durchs Einfrieren oder den Frost reduziert sich der hohe Gerbstoffgehalt und die Früchte werden so mild, dass man sie dann sogar roh essen kann. Alternativ werden die stark adstringierenden Früchte durch Kochen oder das Einlegen in Salzlaken schmackhaft. Auch aufgesetzt zu Likör, Schnaps oder Wein geben sie ihr köstliches Aroma ab. Aus reifen Früchten lassen sich Marmeladen, pikante Chutneys oder Fruchtmuse herstellen, die vielfältig einsetzbar sind, oft in Kombination mit Pflaumen, Äpfeln oder Birnen. Getrocknet sind sie Bestandteile von Kräutertees, ebenso die **Blüten,** diese lassen sich bestens für Dekorationen von Speisen, gerne auch kandiert, einsetzen.

SAMMELORT UND ERKENNUNGSMERKMALE

Der Schlehdorn ist im Frühjahr aufgrund seines dichten, weißen, fast wolkenartigen Blütenstands am grau-schwarzen Geäst leicht an Wald-, Weg- und Wiesenrändern auszumachen. Wer sich jetzt die Stellen merkt, kann im Winter ausgiebig die Beeren ernten, wobei die Hecken sehr unterschiedlich fruchten. Viele Blüten garantieren nicht viele Beeren. Im Frühling besteht allenfalls eine Verwechslungsgefahr mit dem ungiftigen Weißdorn *(Crataegus monogyna oder C. oxyacantha),* dessen Blüten im Gegensatz zur Schlehe erst nach dem Laubaustrieb erscheinen und deutlich büscheliger stehen.

SCHLEHEN-OLIVEN

Meine ersten Schlehen-Oliven stammten von Jean-Marie Dumaine in Sinzig. Die mürben, fruchtigen aber auch salzigen „falschen Oliven“ waren überraschend lecker, so dass sich seitdem meine Gäste darüber freuen!

ZUTATEN SCHLEHE IN SALZLAKE

- 500 g Schlehen
- 1 l Wasser + 400 g Meer-Salz = gesättigte Salzlösung
- 1 Nelke
- 1 Lorbeerblatt
- 1 Bund Thymian

ZUTATEN SCHLEHE IN ÖL

- Schlehen aus der Salzlake
- Chili
- Knoblauch
- mediterrane Gewürze
- Zitrusschale

ZUBEREITUNG

Wasser mit Kräutern, Gewürzen und Salz aufkochen, bis sich das Salz gelöst hat. Schlehen waschen, in ein hohes Gefäß geben und mit dem heißen (ca. 70 °C bis 80 °C), aber nicht mehr kochenden Gewürzsud übergießen bis sie bedeckt sind. Das Gefäß gut verschließen (Mein Tipp: Bügelverschlussgläser eignen sich sehr gut). In der ersten Woche das Gefäß schwenken, so dass die Schlehen gut von der Salzlösung benetzt sind. Schlehen mindestens fünf Monate ziehen lassen. Sie halten sich in der Salzlösung sicher bis zu einem Jahr.

Schlehen nach Bedarf in ein Sieb gießen, einen Tag wässern und einen Tag trocknen lassen. Schlehen mit Chili, Knoblauch oder mediterranen Gewürzen und Zitrusschalen in Schraubgläser geben und mit Olivenöl übergießen.

Nach mindestens vier Stunden in Öl sind die Schlehen-Oliven genussfertig. Je länger sie im Öl liegen, um so milder werden sie. Dann im Kühlschrank lagern – verschlossen sind sie bis zu einem Monat haltbar.

SCHLEHEN-GENUSS-ESSIG

Ein fruchtig-herber Essig, den ich auch gerne verschenke.

ZUTATEN

- Schlehen (auch frisch)
- Kandis
- weißer Balsamico-Essig

ZUBEREITUNG

Schlehen waschen, entstielen und abtropfen lassen, dann mit einer Stopfnadel löchern und ein Weithalsglas zur Hälfte füllen. Ein oder zwei Stücke Kandis dazugeben und mit weißem Balsamico-Essig auffüllen. Wenigstens sechs Monate ziehen lassen, durch einen Kaffeefilter abseihen und in Flaschen füllen. Durch den hohen Anteil an Gerbstoffen kann es zu Ausflockungen kommen, was völlig natürlich ist. Also nicht entsorgen sondern noch mal abfiltern.

Schlehen-Genuss-Essig
auf Weißem Balsamico
Schlehen-Genuss-Essig
auf Weißem Balsamico
Schlehen-Oliven
in Oliven-Öl
mit Chili, Knoblauch & Pfeffer
Schlehen-Oliven
in Oliven-Öl
mit Thymian und Orangenschale
Schlehen-Oliven
in Oliven-Öl
mit Rosmarin und Zitronenschale

SCHLEHEN-LIKÖR

Am liebsten genieße ich den Likör pur. Es gibt andere Rezepte mit Zimt, Vanille und Rosinen, die ebenfalls gut munden, aber den typischen Schlehengeschmack überdecken.

ZUTATEN

- 200 g Schlehen (frisch oder gefroren)
- 100 g Kandis
- 700 ml Korn 32 vol.%

ZUBEREITUNG

Schlehen waschen, trocknen und mit Kandis und Korn in eine Flasche geben. Mindestens zwei Monate ziehen lassen. Entweder abfiltern und in kleine Flaschen füllen oder auf der Schlehe verbrauchen. Je länger der feuerrote Likör steht, umso mehr Aromen entfalten sich – auch nach dem Abfiltern.

BESCHWIPSTE SCHLEHEN-MARMELADE

Die ideale Ergänzung nach dem Abfiltern des Schlehen-Likörs.

ZUTATEN

- Restfrüchte aus Likörherstellung
- doppelte Menge an Pflaumen, Äpfel oder Birnen
- 3:1-Einmachzucker

ZUBEREITUNG

Die Likörfrüchte sammle ich in Flaschen. Wenn genug zusammengekommen sind, stelle ich daraus eine beschwipste Wildfruchtmarmelade her. Dafür nehme ich etwa ein Drittel beschwipste Früchte und zwei Drittel Pflaumen, Äpfel oder Birnen, sonst wird es zu alkoholisch. Dann ganz normal wie eine Marmelade kochen und in Gläser abfüllen. Je nach den Zutaten, schmeckt jede Herstellungscharge anders.

So viel Tag die Schleh' vor Walpurgis blüht, so viel Tag der Schnitter vor Jakobi in die Ernte zieht.

ALTE ERNTEVORAUSSAGE IN SCHWABEN UND FRANKEN.

SCHLEHEN-CHUTNEY ZU KÄSE

Was gibt es Schöneres, als nach einem leckeren Essen den Abend mit Schlehen-Chutney und Käse bei einem Glas Rotwein ausklingen zu lassen!

ZUTATEN

- 300 g Schlehenmus (eingefroren)
- 75 g Zwiebeln
- 100 g getrocknete Pflaumen
- 1 EL Olivenöl
- 1 TL Salz
- 1 Prise Cayennepfeffer
- 80 g Honig
- 10 g Ingwer, frisch
- ½ TL Kardamom
- 4 EL Rotwein
- 2 EL Rotweinessig

ZUBEREITUNG

Getrocknete Pflaumen einige Stunden in Wasser aufweichen, so dass sie schön aufgehen, dann klein schneiden. Zwiebeln hacken und im Olivenöl anbraten, dann Schlehenmus und klein geschnittene Pflaumen zugeben. Auf kleiner Flamme unter gelegentlichem Rühren einkochen. Mit Salz, Cayennepfeffer, Honig, geriebenem Ingwer, Kardamom, Rotwein und Rotweinessig abschmecken. Passt gut zu Käse.

Für das Chutney stelle ich immer Schlehenmus auf Vorrat her. Dafür friere ich die Schlehen mehrere Wochen ein, dann koche ich sie in Apfelsaft weich und passiere sie durch ein Sieb oder durch die Flotte Lotte. Die Menge, die nicht direkt verbraucht wird, friere ich portionsweise ein.

SAMMELKALENDER

* = bei kontinuierlicher Ernte bis Oktober, ∘ = nach Mähen im Juni

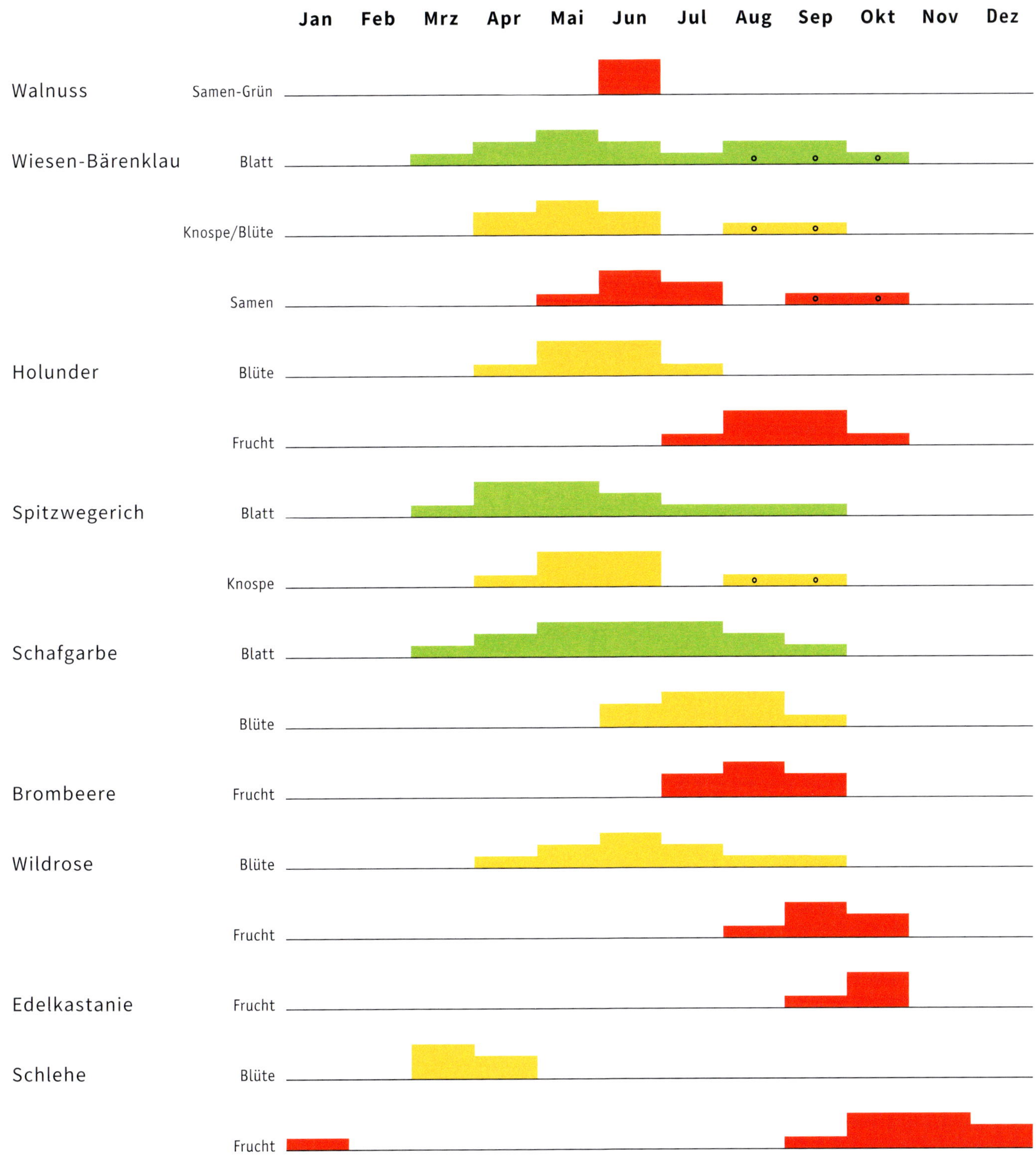

* = bei kontinuierlicher Ernte bis Oktober, ∘ = nach Mähen im Juni

REZEPTE NACH KATEGORIEN

SNACKS, FINGERFOOD

VORSPEISEN, SUPPEN

SALATE

HAUPTGERICHTE

BEILAGEN

DESSERTS, SÜSSSPEISEN

GEBÄCK, BROTE

DIPPS, CHUTNEYS, BUTTER, SOSSEN

SMOOTHIES, ALKOHOLFREIE GETRÄNKE

ALKOHOLISCHE GETRÄNKE

ESSIGE, ÖLE, OLIVEN

MARMELADEN, GELEES

DAS TEAM

DIE KRÄUTERPÄDAGOGIN CELIA NENTWIG

Seit über zwanzig Jahren widmet sich die Kräuterpädagogin der Welt der essbaren Wildpflanzen. Mit der Gründung von Kräuter-Sinn (www.kraeuter-sinn.de) lässt sie andere Menschen an ihrer Leidenschaft und der Begeisterung für die Natur mit ihren nutzbaren Schätzen und botanischen Besonderheiten teilhaben. Hier bietet sie Kochevents, Seminare und Kräuterwanderungen an und hat spätestens mit der Veröffentlichung ihrer ersten beiden Bücher eine Bekanntheit weit über den nordrhein-westfälischen Bereich hinaus erlangt.

Celia Nentwig (geb. 1964) entdeckte die Welt der Wildpflanzen nach ersten Kontakten mit einer Ethnobotanikerin und Wildpflanzenexpertin sowie einer Heilpraktikerin, die sie stark prägten. So erweiterte die gelernte Grafikdesignerin ihr Kräuterwissen laufend und ließ sich in der Gundermannschule zur staatlich zertifizierten Kräuterpädagogin® qualifizieren und wurde dort selbst Referentin. Seit 2011 lehrt die vielseits gefragte Wildpflanzenspezialistin an der Heilpflanzenschule PhytAro in Dortmund. Zusammen mit Hella Henckel ist sie die Autorin der beiden Werke „Wildpflanzen – Köstliche Rezepte, essbare Dekorationen und Geschenkideen“ sowie „Meine neuen Wildpflanzen-Rezepte mit vielen Deko-Ideen“.

DER FOTODESIGNER MICHAEL NENTWIG

Die anfängliche persönliche Begeisterung seiner Frau für heimische Wildpflanzen, die später in ein berufliches Engagement mündete, brachte den Grafikdesigner und Gestalter Michael Nentwig (geb. 1962) unweigerlich mit dem Thema Natur in Berührung. Heute schätzt er die stets leckere und gesunde Ernährung zuhause, zu der es immer Geschichten zu erzählen gibt. Bei den Buchproduktionen seiner Frau Celia ließ er es sich nicht nehmen, selbst hinter die Kamera zu treten und die bildliche Realisation zu übernehmen. Schließlich hatte der selbstständige Grafikdesigner Visuelle Kommunikation studiert und konnte diese Kenntnisse und seine eigene Leidenschaft fürs Fotografieren nun auf besondere Weise mit einbringen. Ganz nebenbei ist er damit ebenso zu einem Wildpflanzenexperten geworden – ein Wissenskomplex, der ihm bei der Mitarbeit an kulinarischen Events seiner Frau durchaus entgegenkommt.

DIE HERAUSGEBERIN HELLA HENCKEL

Ihre Leidenschaft galt von Anfang an Blumen und Pflanzen. So machte sie in jungen Jahren die Ausbildung zur Gärtnerin und studierte Gartenbauingenieurwesen. Danach begleitete sie die Natur und Pflanzenwelt vom Redaktionsschreibtisch aus und gründete mit drei Partnern den Fach- und Lifestyleverlag BLOOM's GmbH (blooms.de). Das Konzipieren von Dekorationszeitschriften, Floristikbüchern und Medien rund um den floralen Lifestyle ist ihre Passion und Berufung. So entstand bei der Begegnung mit der Kräuterpädagogin Celia Nentwig spontan die Idee, das kulinarische Wissen um Wildpflanzen zu einem Buch zusammenzufassen. Es folgten zahlreiche Zeitschriftenveröffentlichungen. Mittlerweile ist daraus eine tiefe Freundschaft und erfolgreiche Zusammenarbeit geworden, denn nach drei Bestsellern ist das vorliegende bereits das vierte gemeinsame Werk. Hella Henckel (geb. 1958) ist als Co-Autorin für die Idee, die Konzeption, die textliche und buchtechnische Ausgestaltung verantwortlich. Auch privat beschäftigt sich die Verlegerin mit der Natur, dem Sammeln, Dekorieren und Kochen mit Wildpflanzen.

Im gleichen Verlag sind erschienen:

NATURSCHUTZ MIT MESSER UND GABEL

Peter Becker, Claudia Wilhelmi

Die Wildkräuter-Werkstatt

Pflanzen aus der Natur sammeln, kochen und nachhaltig genießen
160 Seiten, Format 25 x 28 cm, Klappenbroschur
€ (D) 19,90 | € (A) 20,50 | SFR (CH) 24,90
ISBN 978-3-945429-66-2

AUS DEM GARTEN AUF TISCH UND TELLER

Anja Klein, Andreas Lauermann

Blüten-Genuss für Tafel und Teller

Rezepte und Deko-Ideen mit Blüten aus meinem Garten
152 Seiten, Format 24 x 28 cm, Hardcover
€ (D) 24,90 | € (A) 25,60 | SFR (CH) 32,50
ISBN 978-3-945429-36-5

SCHÖNSEIN GANZ NATÜRLICH

Claudia Wilhelmi

Natur auf meiner Haut

Nachhaltige Naturkosmetik zum Selbermachen
144 Seiten, Format 25 x 28 cm, Klappenbroschur
€ (D) 16,90 | € (A) 17,40 | SFR (CH) 21,90
ISBN 978-3-96563-042-0

MIT AYURVEDA DURCHS JAHR

Wolfgang Neutzler, Barbara Rosa Storb

Ayurveda Daily

Einfach, schnell & regional
176 Seiten, Format 25 x 28 cm, Klappenbroschur
€ (D) 24,90 | € (A) 25,60 | SFR (CH) 32,50
ISBN 978-3-945429-29-7